Os avanços da psicanálise com Lacan

Sandra Beck da Silva Etges
Tânia Baumhardt
(Organizadoras)

Os avanços da psicanálise com Lacan

cia. de Freud

Comissão Editorial do CEL
Sandra Beck da Silva Etges
Tânia Baumhardt

Autores
Teresa Palazzo Nazar
Sandra Beck da Silva Etges
Tânia Baumhardt
Rita Francis Mendonça
Ernesto Söhnle
Antônio Sérgio Mendonça

Revisão
Sandra Regina Felgueiras

Editoração Eletrônica
Abreu's System Ltda

Rio de Janeiro, 2011

CIP-BRASIL. CATALOGAÇÃO-NA-FONTE
SINDICATO NACIONAL DOS EDITORES DE LIVROS

L129

Os avanços da psicanálise com Lacan / Organizadoras Sandra Beck da Silva Etges e Tânia Baumhardt – Rio de Janeiro, Centro de Estudos Lacaneanos – Instituição Psicanalítica, Porto Alegre e Companhia de Freud, 2011.
16x23
Nº de páginas: 148

ISBN: 978-85-7724-095-1

1. Lacan, Jacques, 1901-1981. 2. Psicanálise I. Sandra Beck da Silva Etges e Tânia Baumhardt II. Centro de Estudos Lacaneanos.

08-2202 CDD: 150.195
CDU: 159.964.2

---

cia. de Freud
editora

Endereço para Correspondência
Rua Barão de Sertório, 48 – casa
Tel.: (21) 2273-9357 • (21) 2293-5863
Rio Comprido – Rio de Janeiro, RJ
e-mail: ciadefreud@gmail.com

Centro de Estudos Lacaneanos – Instituição Psicanalítica
Av. Venâncio Aires, 162, conj. 401, CEP 90040-190 – Porto Alegre – RS
Tel.: (51) 3212-3151
www.celacan.com.br

Sumário

O SIGNIFICANTE LACANIANO, SUA DIFERENÇA E A FUNDAÇÃO DO CEL

Nestes vinte anos de existência, o Centro de Estudos Lacaneanos tem-se dedicado à sustentação da transferência a partir da permanente interrogação freudiana: o que é a Psicanálise? Seguir este caminho, pela via da transferência com este saber teórico-clínico, equivale a escutar a significação de seus conceitos fundamentais, sobretudo no que se refere ao *inconsciente* e à própria *transferência*. Este percurso foi trilhado pela investigação de Jacques Lacan, que não só resgatou epistemologicamente estes conceitos fundamentais, mas também, sobretudo a partir de sua experiência clínica, brindou a Psicanálise com contribuições autorais para a escuta do *inconsciente* como, por exemplo: o destacamento de elementos significantes do discurso que remetem ao *inconsciente*, o conceito de *Alíngua* como referência ao que de *inconsciente real* tem valor de *gozo* e que comparece na fala e *os* N*omes do Pai*[1] na sua relação com o Édipo e com a fundação das diversas estruturas clínicas. Da mesma forma, enriqueceu os casos clínicos freudianos com aspectos não vistos pelo autor, tais como:

---

[1] J. Lacan, 1973-1974.

a psicose do *Homem dos Lobos*[2] e a perversão na fobia do pequeno Hans[3]. Lacan também elucidou a estrutura da neurose obsessiva relacionando-a ao *Hamlet* de Shakespeare como metáfora do abrir mão do próprio desejo[4] e estudou a obra de James Joyce destacando o estabelecimento de um *sinthoma* pela via da sublimação através da restauração de seu nome próprio, que não pôde vir pela via ortodoxa da paternidade[5], dentre outras contribuições que serão aqui mencionadas e também abordadas neste Simpósio. Por outro lado, a abertura deste autor em relação ao estudo de outros campos de saber também lhe permitiu um aprofundamento conceitual, na medida em que relacionou estes saberes à percepção de que "a Psicanálise é a Ciência do que falta ao Homem" naquilo que, de recalcado, funciona como causa, consolidando a contribuição final de Freud, a psicanálise em extensão. Esta premissa fez Antônio Sérgio Mendonça, em seu livro *Lacan, da magia à psicanálise*[6], destacar a percepção lacaniana de que, embora Freud, em "O mal-estar da civilização", tenha-se dado conta de que a causa deste mal-estar é o fato de *das Ding* ter sido perdido para sempre e, por isso, ter se constituído no (perdido) objeto de desejo, ele não consegue configurar isto na estruturalidade clínica, porque lhe faltou o conceito de falta de objeto, o que implica na presença de sujeito. E, se Freud não tem a categoria de sujeito no lugar da falta, falta-lhe também a categoria de fantasia como sustentáculo do desejo. Assim, *Freud não coloca o desejo sustentado pela fantasia, mas o toma como se este fosse perverso.* Isto porque Freud reduz o desejo à necessidade fálica, que é própria de *Thánatos.* Por isso, neste mesmo texto, ele teoriza que o desejo deva ser recalcado para que haja processo civilizatório no Homem. A falta de objeto, para Lacan, é efeito do recalque da fantasia perversa, sendo que, nas estruturas neuróticas, a ação de recalque própria da castração, efetivada pelo *Nome do Pai*, a substitui pela fantasia inconsciente. Vemos, neste exemplo, a relevância atribuída por Lacan ao conhecimento conceitual no ato analítico, para que o analista possa desta-

---

2 S. Freud, 1918.

3 S. Freud, 1909.

4 J. Lacan, 1958-1959.

5 J. Lacan, 1975-1976.

6 A. S. Mendonça, 2001, p. 38.

car o que, efetivamente, tenha valor desejante para um sujeito. Ao mesmo tempo, ele deve suspender a compreensiva interpretação derivada de seus sentimentos egoicos, pois a teoria psicanalítica tem como propósito uma cena para além do *ego*. Isto quer dizer que ele, a partir da relação que Freud estabelece entre o *ego* e o *narcisismo objetal e secundário*, em "Psicologia das massas e análise do ego"[7], percebe que, por efeito de recalque, o *ego* se caracteriza por ser uma síntese imagética e consciente na sua relação especular com o objeto imaginário; por isso, quando ocorre a idealização do outro, há uma suposição de semelhança. Assim, Lacan define o *ego*, em seu texto sobre a agressividade[8], como *o lugar da ambivalência, porque o falante se fixa na imagem do outro, num erotismo passional que o aliena de si mesmo. A exigência de similitude determina as condutas sociais, negando sua intrassubjetividade e responsabilizando o outro pela determinação de seus atos.* Isto quer dizer que *se atualiza no ego a pulsão escópica, que provoca o fascínio ou o rechaço em relação ao gozo que comparece no outro.* Por isso, o autor aponta o ego como o lugar do engano, que necessita ser escutado para ser simbolizado naquilo que efetivamente tenha valor de verdade sintomática para um sujeito. E, se este caminho conceitual, por suas razões epistemológicas, promove transferências, será através da análise pessoal que poderão ser simbolizadas as identificações imaginárias e idealizadas na direção do resgate do próprio desejo.

Em consequência disto, recém-formada, nos dirigimos uma primeira interrogação sobre os instrumentos oferecidos pelo nosso então curso de Psicologia para efetivamente escutar um paciente para além de um discurso egoico. Isto porque já creditávamos à Psicanálise, a partir da leitura de Freud e de nossa experiência como analisanda, a viabilização do acesso ao *inconsciente*. Entretanto, tocados por esta possibilidade, procurávamos uma instituição que evidenciasse uma transferência com os pressupostos freudianos apontados em "A questão da análise leiga"[9], já que, na época, os psicólogos não eram aceitos para fazer formação psicanalítica. Neste texto primoroso, o autor deixa claro que um analista se funda a partir de sua

---

[7] S. Freud, 1921.

[8] J. Lacan, 1948.

[9] S. Freud, 1926.

experiência como analisando, em uma constante confrontação com sua verdade inconsciente. Por isto, Freud não privilegiou nenhuma formação universitária em especial, apenas destacou, dentre outras, as relações da Psicanálise com a literatura. Deste modo, Lacan enfatiza que um analista necessitará suspender qualquer saber preestabelecido diante da escuta de um analisando, uma posição de não saber para investigar a singularidade de um saber inconsciente a ser decifrado e construído nesta experiência veiculada pela *transferência*. Isto não quer dizer que o estudo da teoria psicanalítica juntamente com a interrogação de sua própria subjetividade não sejam instrumentos cruciais, do contrário a investigação não poderia avançar, nem do ponto de vista clínico nem conceitual.

A partir destas percepções, em 1978, encontramos um analista em Buenos Aires que dispôs-se a vir ministrar, mensalmente, seminários em Porto Alegre para um grupo de psicólogos. Quando nos defrontamos com esta nova transmissão, percebemos que a teoria lacaniana elucidava aquilo que nos encantou na teoria freudiana, ou seja, sua ênfase no destacamento dos significantes do discurso de um sujeito, pois, sobretudo na indicação da "Psicopatologia da vida cotidiana"[10], compatível com o que Lacan estabelece como sendo traço da dissociação do amor e do desejo; em última análise remete aos *tropeços que apontam o caminho para a verdade inconsciente*[11], um destacamento que coloca a análise para além do *aqui e agora* da relação dual analista-paciente, já que as propostas não-freudianas tinham como objetivo de fim de análise a identificação com o ego sadio do analista. Assim, se o analista demandar ser colocado em um lugar de ego-ideal, esta expectativa será expressão de seu desejo pessoal, suspendendo sua necessária posição de neutralidade significante – o que, para Lacan, lastreado em Freud, o desvia de sua função de escuta do desejo inconsciente. Por isto, o mestre de Paris teoriza o fim de análise vinculado à identificação com o que de desejante foi transmitido a um sujeito pelo simbólico ideal-de-ego, ou seja, seu próprio sintoma. Quando o ego do analista deve ser idealizado, privilegia-se uma imagem e não sua função de corte simbólico como operador primordial de uma análise, uma requisição de semelhança

---

[10] S. Freud, 1921.

[11] J. Lacan, 1957-1958.

que descentra o *inconsciente* como alicerce freudiano da Psicanálise, pois o mesmo tem estrutura de falta e não de suplência imaginária, que comparece como deslocamento na passionalidade das relações interpessoais. Deste modo, será o acossamento pela diferença simbólica com o *real* que apontará para a possibilidade de fazer luto daquilo que, de acordo com cada estrutura clínica, insiste como reminiscência em relação ao objeto para sempre perdido. Deste modo, a resposta do analisando a uma demanda de idealização o coloca, por efeito transferencial, em uma posição "obediente", na qual se sente aliviado por não ter que assumir seu desejo, já que a neurose o faz supô-lo ou desvalorizado ou ameaçador, na sua relação com a imagem de um pai ou denegrido ou supostamente indiferente. Assim, o analisando encanta-se em seu enamoramento dirigido a este ego idealizado para tamponar ainda mais seu próprio desejo.

Isto não quer dizer que Freud e Lacan não privilegiem a *transferência* como condição da emergência do *inconsciente*, pois a *transferência* implica não em uma relação dual, mas ternária, na qual os significantes inconscientes são este terceiro elemento a ser destacado pelo analista para que o analisando suspenda suas defesas diante da castração simbólica representada pelo faltante objeto da fantasia. Em decorrência disso, tanto Freud[12] como Lacan[13] enfatizam que a *transferência* tem uma dupla vertente: a primeira refere-se à *suposição de saber* que viabiliza a emergência do *inconsciente* como falta desejante através do ato analítico e a segunda, a seu caráter de resistência à emergência do *inconsciente* que, em seu deslocamento de amor/ódio dirigido ao analista, tenta suturar a falta simbólica. É deste lugar que o analista deve esquivar-se para remeter o analisando à origem inconsciente de seu deslocamento.

Nesta perspectiva, Lacan fundou o conceito de *desejo do psicanalista*[14], que nada tem a ver com o desejo suposto de ser analista, mas, sim, se refere à posição em que se abre mão de qualquer desejo pessoal, ou saber preconcebido, para sustentar um lugar simbólico de renúncia ao *narcisismo das pequenas diferenças* e ao *gozo*, restringindo-se ao lugar de

---

[12] S. Freud, 1912.

[13] J. Lacan, 1960-1961.

[14] S. Cottet, 2001.

escuta significante de um discurso, de deciframento de enigmas, o que não é pouco, pois se trata da posição conceitual em que esta suspensão o define como objeto que causa o desejo. Este operador, obtido através de um constante autoquestionamento, é a condição simbólica para que se sustente um *trabalho de transferência*, pois viabiliza para o analisando a transmissão de um saber relativo ao sujeito, porque referido ao seu desejo inconsciente, cuja estrutura de falta deixa para trás as gratificações objetais perdidas. Lacan enfatizará esta questão na "Proposição de 9 de outubro"[15] para que, em fim de análise, o sujeito assuma-se como dividido, ou seja, opere-se nele um *des-ser* para que venha a ter destacado seu *gozo particularizado*.

Deste modo, durante estes anos de estudo da teoria freudo-lacaniana, também fundamos, com outros, a primeira instituição lacaniana de Porto Alegre, *a Maiêutica*, instituição que se manteve por quase dez anos, sendo que, ao final destes, alguns de seus membros perceberam a necessidade de avançar na teoria lacaniana no que se refere a sua contribuição sobre o que Lacan denominou de *campo do gozo* e, para tal, cada um buscou suas transferências, sendo a nossa dirigida a uma então recente descoberta no Rio de Janeiro: o professor Antônio Sérgio Mendonça, um dos fundadores do lacanismo no Brasil e autor de vários livros sobre o assunto. O estudo destas novas contribuições ao pensamento de Lacan nos auxiliou a avançar, sobretudo na clínica, para além do resgate freudiano do Lacan clássico. Sustentados por esta transferência, juntamente com o grupo que passou a frequentar seus seminários, porque identificado com sua transmissão, fundamos outra instituição psicanalítica: o Centro de Estudos Lacaneanos, onde Antônio Sérgio Mendonça dirige, desde então, a transmissão teórica. Durante quatorze anos ele veio quinzenalmente a Porto Alegre para ministrar seminários, sendo que sua aposentadoria de universidades públicas do Rio de Janeiro lhe permitiu aqui se radicar em 2001.

Mas, se um analista se funda, sobretudo, a partir de sua análise pessoal, esta transferência levou-nos a encontrar um novo analista, uma de nossas convidadas neste Simpósio: Teresa Palazzo Nazar, da Escola Lacaniana de Psicanálise do Rio de Janeiro.

---

[15] J. Lacan, 1967.

No que se refere à questão da transmissão da Psicanálise, quando Lacan, em Vincennes, foi questionado sobre por que os frequentadores de seus seminários não poderiam ser analistas, ele respondeu que a Psicanálise não se transmite como qualquer outro saber. Sua transmissão só poderá ocorrer em uma instituição psicanalítica, onde se deverá enfatizar não apenas uma transmissão teórica, que tem também um efeito transferencial, mas, sobretudo, a análise pessoal e a *análise da resistência* à escuta do *inconsciente* (supervisão clinica), sendo que a análise pessoal é imprescindível até mesmo para que o analista vença suas resistências teóricas. O tema da resistência do analista é crucial para Lacan, pois ele o destaca como a mola fundamental de uma formação analítica.

Outro aspecto relevante percebido por este autor foi que, se a Psicanálise tem como premissa fundamental o *inconsciente*, também a formação do analista não pode vincular-se a nenhuma regra burocrática, nem de tempo fixo para uma formação, nem em relação à duração de uma análise, já que se ater a qualquer indexação à cronologia oferece resistência à atemporalidade do *inconsciente* e sua emergência. Assim, se somos sujeitos constituídos a partir de uma singularidade, cada um terá seu tempo para atravessar suas questões fantasmáticas e identificar-se ao próprio sintoma, ou seja, na medida em que não sofrer mais de forma neurótica os efeitos de recalcamento virá a resistir menos na escuta. É esta identificação que faz o analisando passar desta posição para a de se autorizar como analista, sendo, a partir disso, também reconhecido por seus pares. Portanto, será a vinculação transferencial com um estilo de transmissão da psicanálise em uma instituição que manterá acesa uma produtiva interrogação.

Quanto à convenção das sessões de cinquenta minutos, preconizadas até então, Lacan percebeu que quando o analista produz um corte no momento da emergência do sujeito do inconsciente veicula-se uma emergência de *real*, de gozo, o que não significa, de modo algum, que se trate de uma diminuição no tempo cronológico das sessões. E será após essa emergência que se operará o que ele chamou de *tempo de compreender*[16].

---

[16] J. Lacan, 1977-1978.

Da mesma forma, este autor, lastreado em Freud, deixa claro que a Psicanálise nada tem a ver com tentativas de adequação à realidade social, pois o que está em questão é a realidade psíquica, por ele referida à fantasia inconsciente. Deste modo, Lacan distinguiu a *cura médica*, na qual o terapeuta apoia-se em objetivos por ele fixados, em um lugar de saber que tenderá a dirigir a vida do paciente, do que ele denominou de *direção da análise ou da cura*, em que, como já enfatizamos, o analista suspende seu próprio lugar de sujeito para sustentar o *Desejo do Psicanalista*. Desta maneira, este autor concordou com Freud que não se trata de sugerir, nem de convencer. Como se sabe, ele sempre insistiu que a *clínica psicanalítica* deveria consistir não só em interrogar a Psicanálise, mas em *interrogar os próprios analistas*. Por esta razão, ele interrogou a escuta dos analistas no sentido de que eles levassem menos em consideração as condições sociais e a gravidade dos diagnósticos do que a dimensão possível do ato analítico na sua relação com a não-resistência. Nesta perspectiva, ela diverge de diagnósticos biológico-comportamentais, que não têm a menor relação com os conceitos fundamentais da Psicanálise, na medida em que, se não levam em consideração as etiologias estruturais inconscientes como premissa diagnóstica, sobre o que realmente estarão incidindo? Não foi por outra razão que Lacan interrogou tanto seu próprio trabalho como seu saber psiquiátrico. Isto ficou mais evidente em sua tese de doutoramento[17], na qual ele demonstrou que era possível promover um descolamento do *Outro não castrado* na paranoia através do estabelecimento de uma metáfora substitutiva. Por isso, ele sugeriu que os analistas não retrocedessem diante da psicose e que seria possível a intervenção no delírio. Assim, além da enorme contribuição de Lacan para o pensamento do século XX, destacam-se muitas contribuições da teoria lacaniana que fizeram a diferença na eficácia da clínica psicanalítica, sobretudo sua teorização a respeito do *inconsciente real*[18] que, em seu caráter de saber impossível, está para além da freudiana fundação do *inconsciente simbólico* como o que falta para o estabelecimento, em outra cena, de uma verdade sintomática, pois, no *campo do gozo*, a castração passa a se referir a este impossível saber, na sua referência ao que,

---

[17] *Da psicose paranoica em suas relações com a personalidade*, 1932.
[18] J. Lacan, 1974-1975.

de primordial, está para sempre perdido, mas que insiste, em seus efeitos de angústia, diante de seu caráter de gozo com a morte.

Destaca-se na teoria lacaniana um operador conceitual que funciona como uma de suas colunas vertebrais: os Nomes do Pai, ou seja, o comparecimento das modalidades de pai como significante em cada estrutura, bem como seu entrelaçamento em *real, simbólico e imaginário*. E, se o *real* comparece em seus efeitos entrelaçando-se com o *simbólico* e com o *imaginário*, Lacan aponta, a partir daí, não só a diversidade das estruturas clínicas, como também sua possível e específica *direção da cura*. Coloca como questão clínica defrontar o analisando com a *castração*. Esta foi inicialmente postulada como privação do incesto e do parricídio e, depois, como o *impossível saber sobre o gozo*, para que o sujeito possa fazer luto do pai-ideal, que funciona como uma sutura sintomática nas neuroses. Como a *castração* não se presentifica nem na psicose, nem na perversão, não há pai-ideal nestas estruturas, sendo sua *direção da cura* postulada de outras formas.

Finalmente, ao propor uma teoria do *gozo*, ele designa o caráter imaginário da sexualidade e simbólico do desejo, os diferenciando deste *real*, cujos efeitos discursivos colocam a clínica nesta relação com estes efeitos que deverão ser agora destacados. Desde que formulou o matema do *discurso do analista* Lacan chamou-nos a atenção para o fato de o analista provocar no analisando a identificação ao próprio sintoma, para que este ame o seu sintoma como a si mesmo. Esta formulação é de 1975, portanto do *campo do gozo*, só que será no seminário do *Sinthoma* que o autor destacará o *saber fazer com o sinthoma* e o remeterá à ação do analista. Para tal, a interpretação funcionará como simbolização do *real* e o ato analítico como incidência de *real* sobre o *sinthoma*: por suturas e emendas entre o sujeito e seu *gozo*, o analista deverá, por artifício, também chamado de *savoir-faire*, levá-lo ao reconhecimento da nomeação de seu gozo particularizado. Assim, o analista desconstruirá o inconsciente simbólico e construirá ficcionalmente, a partir do lugar de sintoma que ele ocupa, um sintoma real, pois lançará mão dos efeitos de *real* para os fazer emergir como o sinthoma do sujeito no lugar da palavra que falta. Trata-se de um significante novo que passará a ter valor de *Nome do Pai*. Isto porque o analista nomeará não a fantasia dos pais como seu sintoma, mas aquilo que de gozo compareceu na fantasia destes pais em relação ao sujeito, razão pela qual ele poderá reconhecê-lo como seu. Um reconhecimento que funcionará como luto do pai real recalcado, suspendendo seu núcleo fóbico.

Rita Franci Mendonça
Presidente e Diretora Clínica do Centro de Estudos Lacaneanos – Instituição Psicanalítica / RS

Referências bibliográficas

COTTET, S. *Freud e o desejo do psicanalista.* Rio de Janeiro: Jorge Zahar Ed., 2001.

FREUD, S. (1901). Psicopatologia da vida cotidiana. *Obras completas,* v. VI. Rio de Janeiro: Imago Ed., 1976.

________. (1909). Análise de uma fobia de um menino de cinco anos. *Obras completas,* v. X. Rio de Janeiro: Imago Ed., 1976.

________. (1912). A dinâmica da transferência. *Obras completas,* v. XII. Rio de Janeiro: Imago Ed., 1976.

________. (1918). História de uma neurose infantil. *Obras completas,* v. XVII. Rio de Janeiro: Imago, 1976.

________. (1921). Psicologia das massas e análise do ego. *Obras completas,* v. XVIII. Rio de Janeiro: Imago Ed., 1976.

________. (1926). A questão da análise leiga. *Obras completas,* v. XX. Rio de Janeiro: Imago Ed., 1976.

LACAN, L. (1932). *Da psicose paranoica em suas relações com a personalidade.* Rio de Janeiro: Ed. Forense-Universitária, 1987.

________. (1948). La agressividad en psicoanálisis. *Escritos 2.* México: Siglo XXI Ed., 1980.

________. (1957-1958). *O Seminário,* Livro 5, *As formações do inconsciente.* Rio de Janeiro: Jorge Zahar Ed., 1999.

________. (1958-1959). *O Seminário, Livro 6, O desejo e sua interpretação.* Cópia do CFRJ, tradução de Nívia Bittencourt.

________. (1960-1961). *Le Séminaire, Livre VIII, Le transfert.* Paris: Éditions du Seuil, 1991.

________. (1967). Proposição de 9 de outubro de 1967 sobre o psicanalista da Escola. *Outros escritos.* Rio de Janeiro: Jorge Zahar Ed., 2003.

________. (1973-1974). *Le Séminaire, Livre 21, Le non-dupes errent.* Inédit.

________. (1974-1975). *O Seminário, Livro 22, R.S.I.* Rio de Janeiro: Taurus (não autorizada).

________. (1975-1976). *O Seminário, Livro 23, O sinthoma.* Rio de Janeiro. Jorge Zahar Ed., 2009.

________. (1977-1978). *O Seminário, Livro 25, Momento de concluir.* Inédito.

MENDONÇA, A. S. *Lacan, da magia à psicanálise.* Boletim Anual. Porto Alegre: Edições do CEL, 2001.

Capítulo 1

"A vida como ela é..." ou "Assim é, se lhe parece!" – Reflexões sobre o contemporâneo

*Teresa Palazzo Nazar**

Introdução

A psicanálise nasceu no século XIX, na esteira da produção operada no campo do saber pelos pensadores iluministas, por quem Freud tinha tanta admiração e respeito. É bem verdade que a revolução de então foi uma continuação do que havia tido lugar no grande movimento da Renascença europeia nos campos da ciência, das artes e da literatura.

Se Freud se deixou ensinar pela vanguarda do pensamento iluminista de um D'Holbach, Voltaire ou Kant, bem como se utilizou da arte de Da Vinci, Michelangelo, e tantos outros para formular os conceitos que estruturaram o novo campo de sua descoberta, foi porque tinha a rara clareza, para um homem de sua época e de seu meio, de que a ciência era insuficiente para responder à explosão de real que marcou o descentramento do sujeito e sua consequência: a profunda indagação do sujeito sobre a verdade que é sua causa.

---

* Psicanalista, membro da Escola Lacaniana de Psicanálise-RJ; membro da École Lettre Lacanienne-Paris.

Partir desse pressuposto para falar das relações entre a psicanálise e a arte é tomar o ensinamento freudiano na direção indicada por Jacques Lacan, distanciando-nos um pouco do que supomos saber para colocarmos a questão sobre o furo no saber. Indagar o vazio é abrir-se à possibilidade de algo da verdade em causa, pois nos faz duvidar do que somos na cena do mundo, além de levantar a problemática da temporalidade do sujeito e sua relação de objeto.

Dizendo de outro modo: a experiência com o vazio, a introdução da dimensão do real no vivido pelo sujeito, suspende as certezas sustentadas na cronologia do tempo, introduzindo outra temporalidade, outra lógica, exigindo do olhar o que não se pode ver.

Por preceder o psicanalista, o artista pode nos ajudar a interrogar-nos a respeito de nossa contemporaneidade quanto ao que escapa ao brilho dos objetos prontos para o consumo. Quer dizer, a arte pode funcionar como uma espécie de "lanterna do contemporâneo", o que está para além das imagens pré-fabricadas.

Tendo na origem o real, indaguemos a arte no que ela é mostração de um contemporâneo supostamente marcado pela desmontagem dos dispositivos que sustentam o sujeito no campo do simbólico. Sem a garantia desse vazio de objeto na origem, de que modo – e que sujeito – se estruturaria?

Diz-nos o filósofo Giorgio Agamben: "a entrada na temporalidade do presente é uma caminhada em direção a uma arqueologia daquilo que no presente não podemos viver e, restando como não vivido, é incessantemente relançado para a origem, sem jamais poder alcançá-la"[1].

Por não podermos retornar à origem, nem nos eternizarmos no tempo senão por uma descendência ou pelo que deixamos como legado, como insistir em inventar e criar a partir do que, na fantasia de cada um, se articula desde uma imagem opaca, numa época que insiste em recusar o vazio?

Distanciar-se para perscrutar o escuro, ler nas entrelinhas, ouvir o inaudito – a arte de nosso tempo parece buscar uma desconstrução do que é dado a ver em excesso.

---

[1] G. Agamben, 2009, p. 18.

> Pode dizer-se contemporâneo apenas quem não se deixa cegar pelas luzes do século e consegue entrever nessas a parte da sombra, a sua última obscuridade [...] contemporâneo é aquele que percebe o escuro do seu tempo como algo que lhe concerne e não cessa de interpelá-lo, algo que, mais que toda luz, dirige-se direta e singularmente a ele. Contemporâneo é aquele que recebe em pleno rosto o facho de trevas que provém do seu tempo[2].

Se o teatro é arte incorporada na forma humana desde que o homem se reconheceu pela primeira vez diante de um outro a quem dirigiu a palavra, ele é mostração em ato do que se origina da fantasia, sendo sempre contemporâneo.

O teatro personifica o discurso do Outro por meio do que se delineia no personagem; o ator é alguém que fala o discurso do Outro a partir do texto do autor – a verdade como ficção comparece no teatro dentro do teatro, na cena sobre a cena da fantasia. O ator é, também, autor do texto.

As grandes obras teatrais são atemporais porque mostram o teatro da vida – o sujeito em sua divisão ator/personagem/autor de sua própria cena, presente no ato ao qual só pode comparecer faltando. Representar é estar presente onde jamais se esteve e fazer da repetição do ato de dizer a vida... poesia pura.

"Enquanto poesia moderna, a 'poesia pura' parte de um pensamento crítico e, enquanto poesia pura, a poesia moderna parte de um pensamento crítico"[3].

Hamlet em Shakespeare

"*To be or not to be – that is the question*"[4]. O terceiro solilóquio de Hamlet inicia-se com esta famosa frase, curta e intensa em sua falta de

---

2 Ibid., pp. 63 e 64.

3 A. Pucheu, 2010, p. 39.

4 "Ser ou não ser... Eis a questão. Que é mais nobre para a alma: suportar os dardos e arremessos do fado sempre adverso, ou armar-se contra um mar de desventuras e dar-lhes fim tentando resistir-lhes? / Morrer... dormir... mais nada... Imaginar que um sono põe remate aos sofrimentos do coração e aos golpes infinitos que constituem a

imagens e metáforas que abundam, em contraste, com o restante do texto. Mas de que trata esta pequena sentença, na qual o verbo *to be*, estrutural da língua inglesa e sem o qual ela não poderia sequer ser enunciada, se condensa em sua forma infinitiva, desprovida de pronomes e substantivos e, por outro lado, balanceado apenas pela oposição simples de um *or* seguido de um *not*, criando maior impacto à repetição do mesmo verbo? Shakespeare evita, assim, que a questão seja minimizada por palavras floreadas e expõe, por meio da reflexão do personagem, a tragédia da existência humana: a vida e a morte, o sentido do que é viver e do que é estar morto em vida, se não se pode honrar o nome dos ancestrais no próprio nome.

A obra-prima de Shakespeare defronta-nos com o mais profundo retrato do gênio inglês que nos fala diretamente, em seu solilóquio, convocando-nos como sujeitos a partilhar no deserto da vida o que ela nos reserva de mais apaixonante, enigmático e medonho, isto é, o encontro com nossa precária e fugaz existência, nossa dor de existir.

A clareza da enunciação hamletiana, cujo dispositivo é o dizer do sujeito no uso da língua, contrasta com a suspensão dos dispositivos tradicionais até então vigentes, confrontando-nos com o vácuo produzido por um tempo em que caberia perguntar se não é o de um sujeito despossuído de sua própria posição subjetiva.

---

natural herança da carne é solução para almejar-se. / Morrer... dormir... dormir... Talvez sonhar... É aí que bate o ponto. O não sabermos que sonhos poderá trazer o sono da morte, quando ao fim desenrolarmos toda a meada mortal, nos põe suspensos. / É essa ideia que torna verdadeira calamidade a vida assim tão longa! / Pois quem suportaria o escárnio e os golpes do mundo, as injustiças dos mais fortes, os maus-tratos dos tolos, a agonia do amor não retribuído, as leis amorosas, a implicância dos chefes e o desprezo da inépcia contra o mérito paciente, se estivesse em suas mãos obter sossego com um punhal? Que fardos levaria nesta vida cansada, a suar, gemendo senão por temer algo após a morte – terra desconhecida de cujo âmbito jamais ninguém voltou – que nos inibe a vontade, fazendo que aceitemos os males conhecidos, sem buscarmos refúgio noutros males ignorados? / Esta consciência que faz de todos nós covardes. / Desta arte o natural frescor de nossa resolução definha sob a máscara do pensamento, e empresas momentosas se desviam da meta diante dessas reflexões, e até o nome da ação perdeu. / Mas, silêncio! Aí vem vindo a bela Ofélia. / Em tuas orações, ninfa, recorda-te de meus pecados" (Ato III, Cena I, in: W. Shakespeare, 2008, p. 572).

Por outro lado, uma vez que vivemos uma contemporaneidade, seria leviano fazer afirmações muito enfáticas sobre o que se passa de fato, e talvez fosse mais prudente colocarmos a questão sob outro ângulo. Então, pergunto: o que é a cena do mundo para nós, que a vivemos? Onde o desejo humanizado – que é o do homem do Logos – encontra, hoje, as garantias de ainda sustentar-se como sujeito no significante?

Parto da afirmação lacaniana de que "não há, no próprio significante, garantia da dimensão da verdade instaurada pelo significante"[5]. A hora do sujeito é a do seu próprio desvanecimento, uma vez que apenas pontualmente ele se faz presente no momento de uma enunciação para, logo em seguida, perder-se no emaranhado dos sentidos que constituem o enunciado da fala. No solilóquio de Hamlet, Shakespeare evidencia a divisão subjetiva do sujeito, na medida em que a primeira frase, sucinta e direta em sua mostração de um real, contrasta com a abundância de metáforas e imagens do resto do texto.

A psicanálise oferece o dispositivo da transferência como via de elaboração do saber inconsciente que aí se mostra; escrita que se desdobra segundo a mesma temporalidade da pulsão: tempo imaginário simbólico de repetição real, da letra de cada um.

Hamlet contemporâneo

A escrita particular que se efetiva no percurso de uma análise tem valor de obra, e seu efeito é a extração do objeto que é causa de desejo. Nesse sentido, o que aí ocorre *na* e *como* resultado da experiência aproxima-se do fazer artístico e literário, já que a escrita do objeto de arte produz não apenas a letra do sintoma do artista, mas tende a completar-se na obra acabada, conferindo estatuto sublimatório para a pulsão aí envolvida: "elevar o objeto à dignidade da Coisa" é fazer surgir, é acrescentar algo de novo ao que está relacionado ao ato pelo qual se obtém a letra do sintoma. No mundo, a obra surge como algo inusitado, diferente dos elementos já existentes e, por isso, é capaz de afetar quem a lê, contempla ou escuta.

---

[5] J. Lacan, 1958-1959, aula de 22 de abril de 1959.

Se a Coisa e o significante não pertencem ao mundo, razão que faz da causa eficiente, na arte, nascer a verdade que se mostra através da obra, produzindo um gozo que é pura perda de sentido, a Coisa freudiana – essa que se sustenta *na* e *pela* experiência de transferência em uma análise – é o próprio movimento do desejo, que, ao costurar o objeto que é sua causa, evidencia, no mesmo movimento, sua perda. Nessa fenda pulsátil do inconsciente, o sujeito se produz na hora de sua perda. Vida e morte se articulam, tal como na tragédia de Hamlet, mostrando que

> ser objeto de desejo é algo essencialmente diferente de ser o objeto de alguma necessidade. É desta subsistência do objeto como tal, do objeto no desejo, no tempo, que ele vem tomar seu lugar daquilo que, no sujeito, permanece por sua natureza mascarado. Este sacrifício dele mesmo, esta libra de carne empenhada em sua relação ao significante, é porque alguma coisa vem tomar o lugar disto, que alguma coisa torna-se objeto no desejo[6].

Hamlet provoca um efeito de identificação imediato no público porque explicita a afetação de cada um por estar num percurso de vida cuja tarefa não se pediu a ninguém, mas que, no entanto, foi sobredeterminada por um desejo que se torna o do sujeito, na medida em que, originalmente, ele empenhou o próprio corpo como moeda de pagamento para entrar no campo das trocas simbólicas. Por isso, Hamlet é a mostração da tragédia do desejo.

Como diz Bárbara Heliodora,

> sabiamente, Shakespeare não fez de Hamlet apenas um paradigma de virtudes: suas angústias e hesitações, seu duro senso de humor, sua ocasional crueldade, sua cortesia com os outros personagens, tudo isso e mais muitos outros detalhes o tornam uma figura multifacetada e tão rica em contradições quanto qualquer um de nós[7].

---

6 Idem.

7 B. Heliodora, 2004, p. 138.

Ao final do Ato II, cena II, do segundo solilóquio, Hamlet expressa em apenas uma frase o que é a condição humana, sua servidão ao gozo em detrimento do desejo; o preço que não se quer pagar pela perda dos ideais: ao mantê-los, recusa-se a castração e, com isso, a possibilidade de desejar. Diz ele: "Oh, what a rogue and peasant slave I am!" (oh, que camponês canalha e baixo eu sou!).

A psicanálise oferece o dispositivo da transferência como via possível de elaboração por meio da qual alguém pode ser levado a questionar-se sobre o lugar que ocupa na cena do mundo a partir da cena inconsciente de sua fantasia.

O passado que se escreve como presente no aqui-e-agora de cada sessão cria a ficção necessária que estabelece a trama entre o dizer e o dito, entre verdade e saber.

Somos todos Hamlet, neuróticos, e nos mantemos suspensos à hora do Outro, na recusa ao luto dos pequenos objetos idealizados que, a ele, devotamos.

Psicanálise e teatro: um olhar

A experiência de uma análise vê-se confrontada, hoje, com outros dispositivos oriundos, sobretudo, da ciência.

Estes dispositivos privilegiam um sujeito alheio à sua própria história, identificado aos modelos do mercado e da moda e, portanto, desprovido da concepção do trágico, tanto clássico quanto moderno. Seria o caso de perguntarmos se esse conceito ainda se sustenta, na nossa contemporaneidade, e que implicações traria para a práxis psicanalítica.

Ao interrogarmos a arte, sempre contemporânea aos acontecimentos em que se dá, encontramos alguns elementos importantes que nos convocam à reflexão, pois mostram uma tendência à desconstrução da cena a ser vista, um apagamento da moldura que confere limites entre ver e ser visto, entre o público e o privado.

O teatro é um segmento da arte que pode nos ajudar a pensar os novos modos de comparecimento do sujeito na clínica, uma vez que seu dispositivo tem como recurso fundamental a utilização dos dois objetos pulsionais imprescindíveis à constituição do sujeito: olhar e voz.

A despeito do que se possa dizer sobre o "novo teatro", conforme o nomeou Michael Kirby na edição da *Tulane Drama Review*, de 1965 – isto é, "um teatro que corresponderia ao abstrato e ao não-objetivo da pintura, tendo no *happening* uma nova forma de teatro tal como a colagem é uma nova forma de arte visual"[8] –, John Cage sustenta que "o teatro há de ser visto simplesmente como 'algo que exige tanto os olhos quanto os ouvidos', de sorte que se contemple a 'própria vida cotidiana como teatro'"[9].

Do mesmo modo, o diretor inglês Peter Brook, expoente das artes cênicas, discute em *The Empty Space* várias formas do teatro contemporâneo, colocando em destaque o "teatro sacro", representado por Artaud e Grotowski, e o "teatro bruto", cujo expoente é Bertolt Brecht. Mas deixemos essa discussão para outra ocasião. O que interessa sublinhar, a propósito do teatro contemporâneo, e ao que nele se refere à práxis psicanalítica, é o fato de ele mostrar uma profunda mudança, uma vez que o autor, o cânone, o texto orgânico parecem ter sido substituídos, muitas vezes, por fórmulas pré-fabricadas, em que o princípio dramático do texto se perde num emaranhado de discursos conflitantes que denunciam a desconexão do sujeito com os dispositivos tradicionais que o sustentam na cena de sua fantasia. Consequentemente, o público atual parece relutar em realizar o trabalho de elaboração necessário ao alcance da verdade que se mostra na presença e ausência do jogo cênico, o que gera enorme inquietude, ao evidenciar a crise na cultura dos valores originais do discurso poético.

Mas a linguagem poética do teatro insiste em mostrar "a vida como ela é", linguagem que cria a verdade ao inventá-la na repetição do ato: "a exposição poética também é, então, a que, qualquer que seja a coisa da qual fala, tem de levar em conta o fato de que fala; num discurso que, em todo dito, diz antes de tudo a própria linguagem"[10].

---

[8] M. Carlson, 1995, p. 444.

[9] Ibid., p. 443.

[10] A. Pucheu, 2010, p. 101.

Em função da ausência de cenários, o teatro elisabetano criou a imagem visual pela palavra, da qual Shakespeare soube se aproveitar – vide o terceiro e mais famoso solilóquio de Hamlet, já citado, que evidencia a cesura entre palavra poética e palavra pensante, compondo uma cena de intensa dramaticidade, que provoca enorme afetação do público apenas com o discurso.

Aquele que escuta esse solilóquio vê-se convocado à borda de sua própria nominação, sem nenhuma imagem, ponto de desfalecimento estrutural no qual, sem recurso, o sujeito se vê sendo visto: "Lá onde isso era" designando o lugar do Eu que aí deve advir como índice do desejo de um sujeito, "assim é se lhe parece". Quer dizer, encontrar no homem o que lhe falta não é preencher a fissura com um objeto, mas reconhecer aí sua própria perda. Vacância indizível que faz do homem poesia pura: isto é, hesitação entre verdade e saber, entre o som e o sentido.

Lacan afirma que a psicanálise resulta de uma crise do próprio conhecimento. Outra vez nos encontramos num momento de crise, só que agora ela se abate sobre o próprio sujeito.

Ao que nos identificamos em nossa contemporaneidade? Que lugar cabe à palavra humana, à sua arte, numa cultura que parece ter subvertido a compreensão do que significa criar e inventar, em que tudo é *readymade*, pronto para ser consumido e descartado?

Ao olharmos o contemporâneo, é preciso tomar certa distância para não sucumbirmos à onda de pessimismo que pode nos envolver e, então, colocarmos algumas questões que insistem desde sempre.

Se a vida é uma obra de arte que se recria à nossa escolha, a arte da vida não significa o mesmo em cada geração. Por isso, a experiência de estar na cena do mundo é hoje ser um artista, não exatamente por escolha, mas porque isso é imposto, quando cada um vende a imagem que supõe desejável aos olhos dos outros.

Talvez por isso seja tão difícil convidar alguém a mergulhar no "deserto do real", na experiência de profunda reflexão que se apresenta numa psicanálise.

Talvez por isso os teatros, hoje, não encham suas salas como outrora, a não ser quando o texto, "leve, fértil e fácil de digerir" (como escutei dizerem), não exija nenhum esforço subjetivo de quem assiste, a não ser passar o tempo.

Referências bibliográficas

AGAMBEN, G. *O que é o contemporâneo?* Chapecó: Argos, 2009.

CARLSON, M. *Teorias do teatro*. São Paulo: Unesp, 1995.

HELIODORA, B. *Reflexões shakespearianas*. Rio de Janeiro: Lacerda Editores, 2004.

LACAN, J. (1958-1959). *O Seminário, Livro 6, O desejo e sua interpretação*. Inédito.

PUCHEU, A. *Giorgio Agamben: poesia, filosofia, crítica*. Rio de Janeiro: Faperj, 2010.

SHAKESPEARE, W. *Teatro completo. Tragédias*. Rio de Janeiro: Agir, 2008.

Capítulo 2

Lacan, o tempo e o ato analítico nas neuroses

*Sandra Beck da Silva Etges**

Introdução

É justamente pela inadequação das palavras às coisas que lidamos [...]. As palavras não se adequam às coisas e a adequação do simbólico às coisas é meramente fantasmática.
(Lacan, *Momento de concluir*, 1977)

Jacques Lacan, ao resgatar a obra de Sigmund Freud, define a Psicanálise como "a ciência do que falta ao homem" e, por haver recalque nos neuróticos, a pergunta que não cessa de neles ecoar, e que comparece numa resposta também sob a forma de pergunta, é: "O que desejas"? Se é de inconsciente que tratamos nas neuroses, como saber, enquanto psicanalistas, sobre o desejo do analisando, uma vez que as palavras por eles utilizadas para conferir um sentido a suas vidas é justamente o que esconde o seu pensamento? Ou, como disse Lacan na sua fala de 14 de julho de 1972, em "O aturdito": como saber do "dito que fica esquecido no mais além do que se

* Psicanalista membro do Centro de Estudos Lacaneanos – CEL-RS.

diz no que se ouve?"[1]. Ora, o dito é do analisando, quem ouve é o analista, o que fica esquecido é o gozo, e o que está por trás do dito, como lugar de enigma, é o inconsciente. Então, como saber (antes) qual dizer ou ato do psicanalista, e em que preciso momento funcionará como interpretação? Identificados, como Lacan o foi, ao leitor de *Alice no País das Maravilhas*, de Lewis Carrol, nunca sabemos o que advirá no percurso de uma análise.

Lacan, em seu comunicado de 10 de junho de 1969 sobre "O ato psicanalítico", também já dissera que haver inconsciente significa haver saber acéfalo, sem sujeito: "É por isso que todas as logias filosóficas – onto –, teo –, cosmo – e também psico contradizem (repudiam ou escamoteiam) o inconsciente"[2]. Dessa forma, "o psicanalista, na psicanálise, não é sujeito, porque é ao não pensar que ele opera"[3]. No Discurso do Analista, o lugar de objeto *a* significa "não saber" e funciona como semblante do falo dando ao analista lugar significante e não pessoal, o que determina que sua escuta se dê em suspensão ideológica e/ou moral.

Logo, ele faz-se produzir do e com o objeto causa de desejo, objeto *a*, como sucedâneo do lugar de Outro, já que o inconsciente ali atualizado por ele como destinatário da transferência é o discurso do Outro. Portanto, é a humildade em não reprovar que este ato seja falho a "via mais certeira" para se chegar ao saber inconsciente.

Dessa forma, corroborando Juan David Nasio, a interpretação do analista no desenvolvimento de uma análise é "aquela de um dito raro, conciso e intempestivo que surpreende o analista que o enuncia"[4]. Isto porque, segundo Lacan, o analista faz parte do conceito de Inconsciente bem como do conceito de Transferência, porque ambos, Inconsciente e Transferência, não existem senão no ato de um dito.

Então, se a transferência atualiza o inconsciente e a interpretação atualiza a transferência, a transferência nada mais é do que o inconsciente em ato e, por conseguinte, ato e pensamento são hiperdeterminados no Discurso do Analista.

---

[1] J. Lacan, 1973, p. 448.
[2] Ibid., 1968-1969, pp. 372, 373.
[3] Ibid., p. 373.
[4] J.-D. Nasio, 1985, p. 180.

Diferente da interpretação do Lacan dos classicismos, do primeiro e simbólico Lacan, no qual interpretar nada mais era do que a simbolização do imaginário, no Lacan do Campo do Gozo a interpretação deve visar o real, "parasitário do gozo"[5] como diz Lacan. É essa interpretação, visante do real, que se dá pelo *agere* (ato) do analista, algo para além do simples dizer, que pretendemos destacar no desenvolvimento deste trabalho, considerando-se o tempo sintomático das Neuroses: Histérica e Obsessiva.

Antes, porém, é preciso dizer que já em 1970 e 1974, respectivamente em *O avesso da psicanálise* e no *R. S. I.*, Lacan ainda manteve, parcialmente, o matema da transferência que já descrevera na "Proposição de 9 de outubro de 1967", mas, no lugar do sujeito narcísico, próprio do matema do Amor ao Significante, ele apresenta o sujeito do enigma e diz que este seria o sujeito na transferência.

Diante disso, a transferência passa a ser o lugar onde deve comparecer a resposta ao enigma sobre o gozo do analisando e, para que isso aconteça, cabe ao analista localizar no enunciado, no dito, no discurso "falhado" do analisando, o lugar preciso onde se encontra o "não dito", que aparecerá sempre em outra cena.

DESENVOLVIMENTO

No seminário *O sinthoma* (1975-1976) Lacan retoma isso dizendo: "Outrora já lhes falei do enigma. Um enigma, como o nome indica, é uma enunciação da qual não se acha o enunciado"[6]. Logo, o enigma para ele é a arte de ler as "entrelinhas".

Dessa forma, são os significantes da ordem do real, que "ex-sistem", que conduzem o sujeito da enunciação, da incógnita, ao sujeito do enigma e ao deciframento de sua "letra". "Letra" que, conforme Antônio Sérgio Mendonça[7] em seu texto "O objeto *a* e a instância da letra", faz referência ao que "há de real no objeto pulsional", vale dizer, "ao que de gozo há

---

5 J. Lacan, 1975-1976, p. 71.
6 Ibid., p. 65.
7 A. S. Mendonça, 2004.

no sintoma", fazendo diferença para com a teoria de Freud, que dizia ser sintoma "a energia corporal contida no objeto pulsional". Isto nos permite inferir que, para Lacan, o real não é energia, é gozo.

Lacan, neste mesmo seminário, empenha-se na distinção entre o verdadeiro e o real. Ele diz: "Em Freud isso é patente [...] foi assim que ele se orientou – o verdadeiro dá prazer, e é isso que o distingue do real. O real não dá, forçosamente, prazer"[8]. O Prof. Antônio Sérgio Mendonça, em seu ensino no âmbito do CEL, esclarece que, para Freud, o verdadeiro, o sintomático, o simbólico tem a ver com o prazer, porque é o Princípio do Prazer, ao ser regulado pelo Princípio de Realidade, vale dizer, pela fantasia inconsciente que desejo é, que permite que esta, ao universalizar a falicidade, dê origem ao Sintoma. O real, pulsionalmente, leva ao desprazer, por referir-se à morte da Coisa – e no nirvana não há prazer. A partir de então, voltando-se ao seminário 23, Lacan "distorce"[9] alguma coisa de Freud e procura ressaltar que o "o gozo é do real"[10] e, como tal, comporta o masoquismo, tal como Freud notou. O masoquismo seria, então, o ápice do gozo dado pelo real; logo, é a "opção" pelo desprazer. Nesse capítulo, Lacan, indagando-se se "Joyce era louco", refere que se ele (Lacan) consegue fazer com que as pessoas "sintam prazer em dizer o verdadeiro [...] é porque elas me amam graças ao que tentei captar da transferência, isto é, porque elas me supõem saber"[11]. Portanto, podemos dizer que é a partir do estabelecimento da suposição de saber na transferência que podemos ir ao encontro "do dito que fica esquecido no mais além do que se diz no que se ouve"[12] – e Lacan lembra que "é pela lógica que esse discurso toca no real, ao reencontrá-lo como impossível", ou seja, "o dizer fica esquecido por trás do dito" e, para que um dito seja verdadeiro, é preciso que se o diga, que haja dele um dizer, uma vez que "é na análise que o inconsciente se ordena como discurso"[13] – e complementa: "restituir o dizer é necessário, para o discurso se constituir da análise [é nisso que ajudo, diz Lacan], a partir da

[8] J. Lacan, 1975-1976, p. 76.
[9] Idem.
[10] Idem.
[11] Ibid., p. 77.
[12] J. Lacan, 1973, p. 449.
[13] Ibid., p. 452.

experiência em que confirma-se a existência dele"[14], porque "interpretar é ler de outro modo" aliado à suposição de se saber ler de outro modo – e com a condição de se ligar esse outro modo à falta de um significante no Campo do Outro[15].

Na prática, é pelo impossível de dizer que se mede o real, "por ser o que estimula a se repetir"[16]. Logo, o dito que fica esquecido no mais além do que se ouve não é mais, apenas, o simbólico inconsciente freudiano, trata-se, agora, do inconsciente real. Já no seminário *O avesso da psicanálise* (1969-1970) Lacan dizia:

> A repetição é uma denotação precisa de um traço que extraí para vocês do texto de Freud como idêntico ao traço unário, [...] ao elemento da escrita, um traço na medida em que comemora uma irrupção do gozo.
> Eis porque podemos conceber que o prazer seja violado em sua regra e seu princípio, porque ele cede ao desprazer. Não há outra coisa a dizer – não forçosamente à dor, e sim ao desprazer, que não quer dizer outra coisa senão o gozo[17].

Em *O momento de concluir* (1977-1978), Lacan hiperdetermina o caráter desconcertante de seu ato por trazer um significante raro e o caracteriza como uma forma de visar o real. No seminário *O sinthoma*, diz que o recurso de um analista para tal é, qual o da escrita de Joyce, o de *savoir-faire*, isto é, um analista precisa saber o que fazer com o sintoma, ou seja, deveria ensinar o analisando a emendar, fazer suturas (nós) que o conectassem à nomeação de seu gozo. É a esta interpretação que se refere o ato analítico. "É de suturas e emendas que se trata na análise [...]. Encontrar um sentido implica saber qual é o nó, e emendá-lo bem, graças a um artifício"[18], para que uma análise possa produzir efeitos. Ou seja, parafraseando Teresa Palazzo Nazar, para que uma análise permita a al-

---

14 Ibid., p. 454.

15 Confrontar p. 194 do *Perspectivas do Seminário 23 de Lacan, O sinthoma*, de Jacques-Alain Miller.

16 J. Lacan, 1973, p. 454.

17 J. Lacan, 1969-1970, p. 73.

18 J. Lacan, 1975-1976, p. 71.

guém inventar uma resposta que o liberte do efeito de afânise, ou desaparecimento anulador de seu sintoma. Ela diz: "Ter um sintoma é articular, fazer a emenda do imaginário que se vê e/ou escuta com o simbólico do saber inconsciente"[19]. Articulação da qual todo analisando se esforça para extrair algum sentido para seu sofrimento. Quando fazemos essa emenda, nos diz Lacan, fazemos, ao mesmo tempo, outra, precisamente entre o que é simbólico e o real, e isso tem consequência imaginária, porque leva à intuição que, por sua vez, leva à ideia de nó, que tem sua dinâmica, como já dissemos, no ato de ver e/ou escutar.

Um belo exemplo dessa articulação, no nível da psicanálise extensiva, nós podemos observar no indispensável filme alemão *Das Leben der Anderen* – A vida dos outros, de 2007, escrito e dirigido por Florian Henckel von Donnersmarck. O filme se passa na Berlim Oriental durante o período da Guerra Fria e narra a história do solitário, frio e calculista agente da Stasi – a polícia política da República Democrática Alemã (antiga Alemanha Oriental) – chamado Gerd que, no ano de 1984 (portanto, antes da queda do Muro de Berlim) é encarregado de realizar um serviço de escuta e espionagem clandestinas do apartamento de um casal da cena cultural e artística de Berlim, o escritor Georg e a atriz Christa-Maria. Aos poucos, Gerd, que devia seguir a máxima de "saber de tudo", se vê envolvido, fascinado pelas suas vidas: vida de quem deseja, de quem cria e de quem ama. O filme é um exemplo do que Lacan dissera no seminário *A transferência* e no seminário *O sinthoma*: que a sublimação pode, por vezes, ter valor análogo ao da transferência. Ali, a escuta da vida do casal de artistas, algo da ordem do real, porque evocativo, pulsional, portanto, provoca um efeito transferencial, ou seja, Gerd passa a apreciar a vida do casal, passa a fazer alguma suposição de saber a eles, a supor que eles saibam ler de outro modo suas vidas, o que funciona como se fosse um ato analítico, porque produz um corte na autoimagem e na imagem que dele (Gerd) faziam. Ele era temido por muitos, era visto como "frio" e desumano, um "homem mau", segundo a percepção do menino que o encontra no elevador. A partir dessa experiência e da concomitante escuta de *Appassionata*, de Beethoven, que Georg toca ao piano ao saber do suicídio do cenógrafo Jerska,

---

[19] T. P. Nazar, 2009.

e do simultâneo comentário que ele, Georg, faz com Christa-Maria sobre o que Lênin dissera ao ouvir tal música – "Será que alguém que ouve essa música, que a ouve de verdade, pode ser uma má pessoa? Se eu a continuar ouvindo, não levarei a cabo a revolução" –, gera-se uma tal emoção que, somada à leitura que fizera de um texto de Brecht com o qual Jerska presenteara Georg, faz emergir um novo significante: Gerd passa a poder cogitar ser um "homem bom". Então, ele finge que "nada sabe", tanto para proteger o casal como a sua, então, nova verdade. No surpreendente final, ele é reconhecido como "um homem bom" ao lhe ser dedicado o livro do próprio Georg (que descobre tudo sobre as escutas de Gerd e também do que ele ocultara para protegê-lo e a Christa): *Sinfonias para um homem bom*, inspirado em Beethoven.

Jacques-Alain Miller, no seu livro *Perspectivas do Seminário 23 de Lacan, O sinthoma*, referindo-se ao fim de uma análise, afirma: "O testemunho esperado é como alguém, em sua análise, soube fazer aí (*y faire*) com a verdade mentirosa. Como ele ali se entregou, capturou e, se espera, como se extraiu, liberou. [...] Há fim de análise quando há satisfação. Isso supõe, sem dúvida, uma transformação do sintoma que, de desconforto, de dores, dá a satisfação que, desde sempre, o habitava, o animava"[20], mas, acrescentemos, não podia reconhecer. Troca-se, finalmente, um gozo por um sinthoma que o nomeie, uma marca singular.

O mesmo autor continua: "O critério é saber fazer aí (*savoir-faire*) com seu sintoma para tirar dele a satisfação. Daí a tese que Lacan formula [...], segundo a qual a análise responde a uma urgência"[21] e não a uma mera demanda.

Dessa forma, o analista, fazendo parte do conceito de Inconsciente e sendo uma de suas formações, no seu discurso, despindo-se de qualquer sentido egoico, deverá levar o analisando a identificar-se ao seu singular sintoma, atravessando a sua fantasia fundamental. O analista deve usar para isto seu Desejo do Psicanalista, desejo este de máxima diferença, desprovido de ideologias, preconceitos e desejos pessoais, para que possa emergir a causa inconsciente do desejo do analisando (em Freud) e o sig-

---

20 J.-A. Miller, 2010, pp. 102 e 103.

21 Ibid., p. 103.

nificante real, a palavra que falta (em Lacan). Porque a palavra "falada" é um artifício, é a prova de que há recalque por ser ela também que esconde o pensamento.

Logo, do ponto de vista do ato analítico, visante do real, Lacan, ao enodar real, simbólico e imaginário, vai trabalhar borromeanamente. Isto significa trabalhar com o tempo e com o espaço. O que isto quer dizer?

Se, inicialmente, Lacan, articulava os registros dois a dois – real invadindo o simbólico (Ato Poético); simbólico invadindo o real (Sintoma) e simbólico invadindo o imaginário (Interpretação) –, posteriormente, no Lacan do Campo do Gozo, ele articula os registros ou em tetraedro – real, simbólico, imaginário e sintoma – que seria o modo ortodoxo, compatível com o Discurso do Psicanalista e com a Transferência, ou de três a três, que seria o modo heterodoxo equivalente ao Sinthoma em Joyce – que se refere à autoria da própria palavra, à Sublimação, na qual símbolo e sintoma andam juntos.

Então, do ponto de vista do ato do analista, para que ele possa emendar um sujeito ao seu gozo particularizado e com isso poder produzir sinthoma, ele depende de um terceiro, porque este é sucedâneo do Outro. Ou melhor, por não ser dele o sintoma e sim do analisando, ele só poderá produzir signo do Amor pela Verdade (escondida) do analisando, uma vez que não há Outro do Outro, e a origem do Desejo é inconsciente. Para isso, o analista deve observar uma ordem de tempo. Esta ordem de tempo nos remete, inclusive, ao estilo que ele irá seguir; que no caso de Lacan foi o Tempo Lógico.

Reflexões sobre o Tempo Lógico, O Momento de Concluir e o Tempo para Compreender nas Neuroses

Lacan define o Tempo Lógico, seu estilo, em 1945, quando fala sobre: "O tempo lógico e a asserção de certeza antecipada – um novo sofisma"[22]. No entanto, ao distinguir, em 1977, o "Momento de Concluir", próprio da interpretação do analista, do "Tempo de Compreender",

[22] J. Lacan, 1945, p. 197.

análogo à repercussão deste ato de escansão no analisando, rememora o "futuro anterior" como desmembramento do primeiro ato do tempo da tragédia. Pois lá o saber do anunciante – o cego Tirésias – antecipa o desconhecimento e a revelação paulatina dos efeitos do destino que se abatem em posteridade sobre Édipo como um herói trágico que, a juízo de Lacan, sendo predestinado, "por não saber, agiu". Logo, o herói não fala, não sabe, mas age. Diante do enigma, ele ouve e responde. Ou, dito de outra forma, aplicando-se aí o *après-coup* (posteridade freudiana), "antes ainda", o público, via anunciante, intérprete do destino por poder de oráculo, sabia da fortuna (tiquê) do herói antes deste, cujo tempo era o "só depois". Consequentemente, do ponto de vista do ato do analista, se irá combinar, na transferência, a atemporalidade inconsciente que ela atualiza em direção interpretativa, via Desejo do Psicanalista, uma vez que o sintoma tem a ver, temporalmente, com a posteridade trágica. Esta posteridade do sintoma, equivalente ao segundo ato do tempo da tragédia, é compatível com a castração, porque o sintoma é "fato estrutural da castração" e axioma da fantasia que, por ser "tela protetora do real", contrapõe o desejo ao gozo. Então, a castração articula desejo e morte: diante da questão da morte comparece como angústia (sintoma) e, diante da questão do desejo, produz como efeito o inconsciente, ou, ainda, fixa um sentido obrigatório nas neuroses.

Logo, no lugar do não haver nenhum saber sobre o gozo real próprio da castração, o neurótico coloca a imaginarização de um sentido que transforma o Pai-ideal em potente na histeria e servil na obsessividade. Só que, para tal, a posteridade também se desmembrará. O *après-coup* se bifidirá em: "antes ainda" na histeria, equivalente ao tempo do coro repetido pelo público e que levará à catarse (daí a abreação catártica da histérica de Freud), e "só depois" na obsessividade, equivalente ao tempo do herói, então dramático, Hamlet, que, diferente de Édipo, "por saber, não agia". A posteridade, então, é antecipada na Neurose Histérica ou procrastinada, antecipada tardiamente na Neurose Obsessiva.

Explicando melhor, quando o sujeito é requisitado pela morte, ele vai ter fobia (ódio e/ou aversão) à sua dicotomia que é o desejo. Logo, a morte compareceria após desejar. Por isso, ele inibe-se frente ao desejo e a castração torna-se frustração na Neurose Obsessiva. Já na Neurose Histérica, quando o sujeito é requisitado pelo desejo, ele apresentará aversão à morte e, do ponto de vista temporal de sua sintomática que é a angústia, destacará a antecipação como uma forma de imaginarização da posteridade e a castração torna-se privação do amor paterno.

Do ato do analista

Do ponto de vista da intervenção do analista, a obsessão manteve em cena o sintoma como fato estrutural e temporal. Por isto, cabe ao analista escutar e interpretá-lo "só depois", porque, entre o inconsciente e a verdade, o obsessivo tende para a verdade, já que se interpreta sintoma e a verdade (não-toda) é metaforizada por este mesmo sintoma. Diante da histeria, uma vez que nela há a opção pelo desejo para disfarçar a impotência paterna, cabe ao analista a opção pelo silêncio que possibilite a reconstrução fantasmática conforme descrita por Freud em "Construções em análise" e em "A Gradiva de Jensen".

Dessa forma, na Neurose, na qual o sujeito não é um predestinado como na tragédia grega, é um falante, o herói é ali tomado imaginariamente como o Pai ideal – potente na histeria e servil na obsessividade – justamente para ocultar, recalcar o fantasma do Pai real: o obsessivo não age por mera sobrevivência e a histérica – cujo enigma face à paternidade não é ático e sim bíblico (judaico), e o Pai real refere-se ao Pai filicida, metáfora do Deus de Abraão –, para não se defrontar com a morte e sobreviver, ela inventa um Pai ideal potente e sedutor e coloca-se no lugar metonímico de objeto causa de desejo do homem, objeto *a*, semblante do falo, ou seja, confunde ser desejada por um homem com haver amor paterno. Por isto, ela não abre mão do Desejo de Saber sobre a potência própria e paterna. Diante disso, há que se trocar, via intervenção do analista, um gozo por um sintoma, provisoriamente, e o deciframento do enigma desejante deve ser buscado, através do enunciado do analisando, em outra cena, em outro lugar. Trata-se de saber, na histeria, por que o desejo a fez sobreviver como o avesso da beatitude contida no Cordeiro de Deus que lhe salvou a vida. Para que essa intervenção seja escutada, ela deve se dirigir ao tempo preciso do sintoma em questão. Se antecipativo, como na histeria, o enigma deve ser reconstruído; se no nível da postergação, o enigma deve ser deslocado, em posteridade, para a resolução da questão paterna. Isso nos possibilita concluir que o tempo de intervenção do analista diante da castração deve ser compatível com a transferência, e o tempo de compreensão do analisando deve ser compatível com o sintoma na obsessividade e com a reconstrução fantasmática na histeria. Só assim o analista poderá, por *savoir-faire*, ficção, artifício, provocar um novo significante. Este novo significante, conforme Antônio Sérgio Mendonça[23], é atual (põe em ato e momento) e é consequência do luto do Pai-ideal, que só ocorrerá se antes tiver sido produzido o luto do gozo para com o Pai-real, bem como da fantasia dos pais a respeito do sujeito e, dessa maneira, se chegar ao real do Pai que possibilita "apagar", definitivamente, todo e qualquer masoquismo para com o Pai-real para poder, enfim, simbolizá-lo, definitivamente, na produção de um sinthoma, signo amoroso de que houve troca de discurso, o que permite ao sujeito "tocar" de outro modo sua vida, porque dissolvera-se o núcleo fóbico da Neurose.

Conclusão

Faz-se necessário, portanto, conforme Jacques-Alain Miller escreve em sua décima segunda lição do já citado *Perspectivas do Seminário 23 de Lacan, O sinthoma*, considerar o que Lacan diz em seu derradeiro ensino: "elevar a psicanálise à dignidade da cirurgia" – surpreendentemente a mesma forma sintática que ele utilizara a respeito da sublimação: "elevar o objeto à dignidade de coisa (sublime)"[24].

Logo, o Tempo Lógico, por não se reduzir ao sofisma (malogro) de qualquer certeza antecipada, não será indexado, isto é, mensurado em cronologia e pagamento, e terá que se articular à não-duração do real, à eternidade do sonho, à atemporalidade do inconsciente, à posteridade do sintoma (quando da Castração), incluindo-os, de forma diferencial e de maneira diversa na distinção temporal, já que isto é o que Lacan passa a privilegiar na hiância entre Momento do Analista de Concluir e Tempo do

---

[23] A. S. Mendonça, seminário interno no CEL, 2003. Inédito..

[24] J.-A. Miller, 2010, p. 198.

Analisando de Compreender. Trata-se dos efeitos de uma intervenção que, por ato de nomeação, emendará, por suturar, um gozo a um Sintoma.

Parafraseando Jacques-Alain Miller: aqui, somos lembrados da estrutura temporal que governa o inconsciente e não permite mergulhar em nenhuma contemplação de combinatória que suspenda o tempo. Porém, diz ele, o tempo associado à topologia não é um tempo linear, o tempo da trajetória quando se espera que depois haja outra coisa, é um tempo circular. "É o tempo de girar em círculos. Não é ausência de tempo. A ausência de tempo, conforme Lacan diz em *O momento de concluir*, é a eternidade do sonho [...] e o fato de ser algo com o qual sonhamos não torna a eternidade especial"[25]. Quer dizer apenas que não há despertar. Lacan já abordara isso no seminário *O sinthoma*, conforme Miller. Ele diz: o despertar "é impensável"[26]. Logo, isso significa que o próprio despertar é um sonho; então, não saímos do sonho e, sim, do sono. E ao analista não cabe explicar o sonho, mas o ocasionar, porque é sonhando que o analisando responde ao dito de seu analista[27].

No dia 21 de novembro de 1978, na abertura de seu derradeiro seminário estabelecido por Jacques-Alain Miller e Alain Didier-Weil, *A topologia e o tempo*, Lacan os mostra (tempo e espaço) até ali como incompatíveis, pois como representar espacialmente a impossibilidade enquanto não-duração do real? Ou, como ele mesmo disse: "Há uma correspondência entre topologia e a prática (analítica). Esta consiste no tempo. A topologia resiste, é nisso que a correspondência existe"[28]. Ou seja, é na questão da resistência que a correspondência com a prática analítica existe, uma vez que o tempo do real é a não-duração; logo, a topologia não dá conta do real. Lamentavelmente, embora Jacques-Alain Miller[29] reconheça a preocupação de Lacan com a questão temporal – ele refere que, em *Radiofonia*, Lacan já havia destacado esse princípio segundo o qual *é preciso ter tempo* para a análise –, também afirma[30], em seu *Perspectivas do Seminário 23 de*

---

25 Ibid., p. 188.
26 Idem.
27 Ver, como já citado, J.-D. Nasio, 1985, p. 184.
28 J. Lacan, 1977-1978.
29 J.-A. Miller, 2010, p. 198.
30 Ibid., p. 187.

Lacan, O sinthoma, que não haverá o Livro 26 do *Seminário* já divulgado pelas edições Seuil.

Então, o que falta ao homem é a possibilidade de representar o real. Não há espaço real, o real não se mediatiza e manifesta a sua ausência nos "emaranhados do verdadeiro"[31], ou seja, nas relações do simbólico com o real. Como isto tem consequência imaginária, somos levados à ideia de nó, e o nó tem sua dinâmica na escopia, que é da ordem pulsional do olhar, que precisa de um ponto de apoio para ver, mas, igualmente, de um ponto cego que daria lugar à imaginação. Na última lição de *O momento de concluir*, Lacan refere: "Não há nada mais difícil do que imaginar o real", precisamente porque o simbólico não é adequado ao real; há sim, como já citamos na epígrafe deste trabalho, "uma inadequação das palavras às coisas" conforme Lacan. O simbólico só se associa ao real pela fantasia como sugestão do imaginário: tentemos então associar real e imaginário, tentemos imaginar o real. Por isto a fantasia é dita "tela protetora do real". Essa parece ser, conforme Jacques-Alain Miller, a chave de todas as manipulações de Lacan no seu derradeiro ensino. Imaginar o real passa pela estranha materialização constituída por essas figuras de objetos que, como disse Lacan, é uma materialização do "fio do pensamento"[32], pois o real é irrepresentável, é impossível, mas não indizível.

Para aquém desta questão topológica, própria dos limites da não-duração e não-mediatização do real como impossível, embora *il y a* (ele haja), questão fixada, também, por Lacan nas notas e respostas do Seminário, livro 26, *A topologia e o tempo*, destacaremos o período final do mesmo: *Voilà, ça a été assez difficile* ["Eis que isto foi bastante difícil"].

Difícil, porém possível pela fala, pela escuta no tempo preciso do sintoma e/ou pela escrita. Não se trata de compreender ou entender e, sim, de enodar sintoma, fantasia (desejo) e gozo para se produzir efeitos. Não foi à-toa que Lacan sempre observou que a mesma palavra no idioma alemão, *Übertragung*, que designava para Freud Transferência, era sinônimo de Transmissão.

---

[31] J. Lacan, 1975-1976, p. 83.

[32] J.-A. Miller, 2010, p. 197.

Referências bibliográficas

FREUD, S. (1937). Construções em análise. *Obras completas*, v. XXIII. Rio de Janeiro. Imago Ed., 1969.

JENSEN, W. (1903). *Gradiva – uma fantasia pompeiana.* Rio de Janeiro: Jorge Zahar Ed., 1987.

LACAN, J. (1945). O tempo lógico e a assserção de certeza antecipada – um novo sofisma. *Escritos.* Rio de Janeiro: Jorge Zahar Ed., 1998.

________. (1969-1970). *O Seminário, Livro 17, O avesso da psicanálise.* Rio de Janeiro: Jorge Zahar Ed., 1992.

________. (1967). Proposição de 9 de outubro sobre o psicanalista da Escola. *Outros escritos.* Rio de Janeiro: Jorge Zahar editor, 2003.

________. (1968-1969). O ato psicanalítico. *Outros escritos.* Rio de Janeiro: Jorge Zahar, 2003.

________. (1973). O aturdito. *Outros escritos.* Rio de Janeiro: Jorge Zahar Ed., 2003.

________. (1974/1975). *O Seminário, Livro 22, R.S.I.* Rio de Janeiro: Taurus Ed.

________. (1975-1976). *O Seminário, Livro 23, O sinthoma.* Rio de Janeiro: Jorge Zahar Ed., 2007.

________. (1977-1978). *O Seminário, Livro 26, O momento de concluir.* Seminário inédito.

________. (1978-1979). *O Seminário, Livro 27, La topologie et le temps.* Fonte: *S'estécriture.* Inédito.

________. Homenagem a Lewis Carroll. Texto estabelecido por Jacques-Alain Miller. In: *Ornicar?* Rio de Janeiro: Jorge Zahar Ed., 2004.

MENDONÇA, A. S. *O objeto a e a instância da letra.* Disponível em: <http://www.riototal.com.br/coojornal/academicos-arquivo.htm>, nº 370, 2004.

MILLER, J.-A. *Perspectivas do Seminário 23 de Lacan, O sinthoma.* Rio de Janeiro, Jorge Zahar Ed., 2010.

MILLOT, C. (1988). *Nobodady, a histeria no século.* Rio de Janeiro: Jorge Zahar Ed., 1989.

NASIO, J.-D. O inconsciente, a transferência e a interpretação do psicanalista. *Revirão,* nº 3. Rio de Janeiro: Aoutra Ed.,1985.

NAZAR, T. P. Letra da Lei e limites do desejo *versus* da letra e lei do desejo. Brasília, 26 de setembro de 2009.

Capítulo 3

Lacan, a perversão e a criminalidade

*Tânia Baumhardt**

Cotidianamente somos levados a nos deparar com uma profusão de notícias, veiculadas pela mídia, a propósito dos mais variados crimes e atrocidades cometidos em todas as regiões do planeta, sem distinção de classes sociais ou categorias culturais, causando comoção geral. Em especial, essas notícias costumam chocar mais intensamente quando o ato perverso é cometido dentro da própria família. Isto porque, imaginariamente, a família seria o lugar onde se cultivaria o amor.

Então, a pergunta que todos se fazem e que não quer calar é: o que leva estas pessoas – como, por exemplo, o pai Alexandre e a madrasta Ana Carolina Jatobá no recente caso da menina Isabella e, antes, a adolescente Suzane von Richtofen que, em 2002, assassinou pai e mãe, ou ainda aquele "monstro austríaco", descoberto em 2008, que sequestrou e escravizou, inclusive sexualmente, a filha e assassinou o fruto de sua barbárie – a cometerem estas perversidades?

Falando sobre o primeiro dos exemplos, o Prof. Antônio Sérgio Mendonça nos disse o seguinte: "estamos todos aturdidos com o gozo fi-

---

* Psicanalista membro do Centro de Estudos Lacaneanos – CEL-RS.

licida de um pai que insiste em mascarar-se de um 'homem comum' e nos propõe, com isso, a 'barbárie'. Pois, se o filicídio já é um absurdo, sua insistência será o próprio desmentido da civilização"[1].

No senso comum costuma-se dizer que em condições "normais" um filho deveria sobreviver a seus pais e, para haver civilização, deveria condenar-se o parricídio como uma forma de se erradicar o homicídio; então resta o seguinte horror: como um pai pode simplesmente ser cúmplice do assassinato de uma filha?

Segundo o psicanalista croata Slavoj Zizek, lido por Antônio Sérgio Mendonça:

> Foi precisamente por causa dessa concepção dos "excessos" sociais que Lacan sublinhou ter sido Marx quem inventou o sintoma: a grande realização de Marx foi demonstrar como todos os fenômenos que se afiguram à consciência comum como simples desvios, simples deformações e degenerações contingentes do funcionamento "normal" da sociedade [...] são [justamente] os lugares em que transparece sua "verdade", seu caráter antagônico imanente [...], [foi] reconhecer, [...] nos descarrilamentos do curso "normal" das coisas, a chave do que nos dá acesso a seu verdadeiro funcionamento[2].

A propósito do citado caso da menina Isabella, observamos nos informativos jornalísticos, segundo o Prof. Antônio Sérgio, que o tema mais recorrente foi o aturdimento, a perplexidade, falando do que supostamente tenha ocorrido, emitindo opiniões que não devem passar de "meras projeções ideológicas e/ou egoico-imaginárias a provocar Identificação Imaginária". Diziam tratar-se de "uma família comum de classe média" de onde "menos se espera que compareça tal horror". Parece que nesse "frenesi" interpretativista ninguém foi capaz de perceber os traços ali presentes, conforme nos fala ainda o Prof. Antônio Sérgio Mendonça, "na encenação da 'confissão' midiática e denegatória de 'culpa' do casal", de um "tipo de complô acobertante, próprio da fraternidade perversa"[3]. Pode-se perceber

---

1 A. S. Mendonça, 2008.

2 A. S. Mendonça, 2002/2003, p. 59.

3 A. S. Mendonça, 2008.

ali sinais muito evidentes daquilo que Lacan chamou de decadência da *imago* paterna e que Charles Melman, psicanalista francês, apontou, em entrevista à revista Veja em abril de 2008, como o "ocaso e/ou possível desaparecimento da família na sociedade atual": a diferença está em que, enquanto David Cooper[4] apontava tal fato, por ele intitulado de a morte da família, como um dado positivo do antirrepressivismo contracultural que adotava, Melman, pelo contrário, o considera um fato lamentável. Nessa entrevista ele diz:

> Assistimos hoje a um acontecimento que talvez não tenha precedente na história, que é a dissolução do grupo familiar. Pela primeira vez a instituição familiar está desaparecendo, e as consequências são imprevisíveis. Fico surpreso que os sociólogos e antropólogos não se interessem muito por esse fenômeno. Nesse processo, podemos constatar que o papel de autoridade do pai foi definitivamente demolido. Antes, o menino tinha na figura do pai um rival e um modelo. Um rival que despertava nele o gosto pela competição, e um modelo na busca do prazer sexual. Já para a menina, tratava-se de um homem em quem ela procurava se completar. Hoje, com o declínio da figura paterna, nossos jovens podem estar menos propensos a batalhar pelo sucesso, a estabelecer um ideal de vida e até a descobrir o gosto pelo sexo. Nesse caso, a droga proporciona satisfações mais fáceis[5].

Com a abolição progressiva do sintoma familiar, a nossa sociedade atual parece ter ido longe demais a produzir, na esteira da impudência, o desejo anônimo (perversão) e sujeitos sem nome (psicose). Estamos assistindo à "des-simbolização" do ético princípio legiferante da paternidade. Mas é importante que se diga que não devemos confundir esta questão da paternidade com o arcaico patriarcalismo, porque este último inversamente significa, hoje, a impotência e/ou a impossibilidade de transmissão da "Lei do Pai" no sintoma familiar, já que foi parcialmente abolida a figura do Pai Provedor.

---

4 D. Cooper, 1972.

5 C. Melman, entrevista à Revista Veja, abril de 2008.

Desde os anos 30 do século passado, em seu texto escrito para o Dicionário francês como verbete para "a família", intitulado "Os complexos familiares", isto já foi abordado pelo psicanalista francês Jacques Lacan, quando este denunciava a decadência da *imago* paterna e destacava implicitamente com isso os seus dois efeitos possíveis: a Psicose e a Perversão.

Então, quando nos deparamos com algo que sugira o comparecimento da Psicose com efeito Perverso, isto causa indignação, mas não deveria causar surpresa. Até porque não há nada de novo nisto. Basta nos lembrarmos do bíblico ódio de Caim por Abel pela única razão de se julgar preterido por ser Abel o filho preferido do Deus Pai e também do sacrifício de Abrahão, que mataria o filho "por amor a Deus"; no primeiro caso, destaca-se a intrusão como álibi perverso e, no segundo, não fosse a desistência divina, poderia ter se caracterizado a perversão sacrificial como um ato derivado de um foraclusivo mandato mortal do Pai Severo enquanto equivalente ao que Lacan chamou, ao falar de Sade, de Deus obscuro, presente no Velho Testamento, pois foi o mesmo de Sodoma e Gomorra.

Conforme Lacan nos ensinou (basta que nos lembremos de sua carta a Jenny Aubry), para que do complexo familiar não se originem filhos que se tornem sujeitos não-nomeados (psicóticos) e/ou portadores do desejo anônimo (perversos), é preciso que a identificação viril seja transmitida pela metáfora paterna. Essa nomeação, que tem valor fundamental de Sintoma, será transmitida (ou não) à filia pelo Desejo de Mãe, lugar de função materna que não necessariamente será ocupado pela mãe de "carne e osso", mas por quem vier a ocupar este lugar de porta-voz de proibição e equivocação, dito Não-do-Pai. Então, conforme nos ensina Antônio Sérgio Mendonça, "a dita função paterna vê transmitida, em seu nome, à filia, a identificação viril através do Ideal-de-Ego emanado do Superego materno. [...] Com isto, erotiza-se a metáfora paterna, impedindo-se que esta se perversifique"[6].

E como é que se dá esta transmissão? Qual seria essa referência a ser transmitida por estes lugares simbólicos que efetivam a metáfora paterna? Ainda conforme o mesmo autor,

---

6 A. S. Mendonça, 2002, p. 37.

> [...] trata-se da fantasia dos pais a respeito da criança (filia), pois só esta e o enigma por ela provocado terão valor de verdade primordial, de Sintoma para a dita filia. Será Sintoma com valor de referência fálica singular, de nomeação primordial [...] E assim, através da fantasia dos pais, o Sintoma da criança (filia) não só passa a fazer parte da questão parental, não só passa a ser núcleo transmissivo do parentesco, mas também constitui, por via fantasmática, o real do sexo daquela criança, ou seja, as protocenas infantis de sua sexualidade, também infantil e polimorfa, inoculada, para sempre, desde a criança no "futuro adulto" [...] Por esta razão (por exemplo) o espancamento de uma criança [...], se realizado por figuras que ocupem estes lugares significantes de referência parental, poderá, sem dúvida, provocar na filia o advento da não-nomeação psicótica e/ou do anonimato perverso[7].

Em tempo, conforme Lacan nos diz no seminário *O sinthoma* (1975-1976), um enigma é uma enunciação da qual não se acha o enunciado, é aquilo que demanda a busca permanente de uma resposta, e é essa resposta que é buscada numa análise para que o sujeito possa, articulando o simbólico e o imaginário e, por efeito, o real, se deparar com seu sinthoma.

Resta aqui, novamente, lembrar que a nomeação de um sujeito não será necessariamente efetuada pelos pais biológicos, mas por quem ocupar este lugar simbólico da Metáfora Paterna.

A psicanalista carioca Teresa Nazar, ao falar sobre a questão da função paterna, disse o seguinte:

> Cabe ao pai, não apenas suprir as necessidades materiais de sua prole, mas a função fundamental – e, talvez, menos evidente – de se constituir para seus filhos como marca originária da Lei. Por sua presença sob a forma dos limites que impõe ao filho, limites estes que se constituem como a Lei do seu amor, (o pai) vem mediar a passagem de cada um de seus filhos da vida familiar à vida social, do privado ao público, sendo ele o responsável pelos efeitos futuros desta potência que é a marca do seu nome, marca de seu zelo ou descuido na vida de seus descendentes[8].

---

7 Ibid., pp. 37-38.

8 T. P. Nazar. "A criança da modernidade", texto inédito (comunicação pessoal).

Decorre então disso que, caso a metáfora paterna se perversifique e a função de transmissão de Lei dela derivada decair, decairão também os limites de Lei sobre o desejo que lhe são próprios e em seu lugar virão o desejo anônimo (Perversão) ou a não-nomeação dos sujeitos (Psicose).

No texto sobre criminologia publicado nos *Escritos*, em 1966, influenciado por Marcel Mauss (1872-1950), considerado o pai da antropologia francesa, Lacan nos irá dizer que as estruturas da sociedade têm valor simbólico e que o indivíduo neurótico tende a respeitar o "simbolismo" da lei, ao passo que o perverso, dito um "sujeito patológico" por seus discípulos como Serge André, cria para si e para outrem um "simbolismo" próprio desprovido de inserção superegoica.

Assim sendo, o que pareceria um funcionamento irregular, desajustado, da estrutura familiar estaria apenas revelando o que de verdade há sobre o funcionamento "regular" daquele tipo de estrutura familiar que se simula "normal". É este raciocínio que Slavoj Zizek, psicanalista croata, aplica aos sintomas sociais, ou seja, ali se explicita o risco de, por impostura perversa ou foraclusão psicótica, reintroduzir-se o culto banal ao homicídio apesar do "não matarás" bíblico e edípico.

E, é preciso que se diga, esta decadência da *imago* paterna e da Lei advinda dela, da função paterna enfim, não dependerá de uma discussão pedagógica, de se adotar diálogos sejam quais forem, até porque Freud já nos advertiu que educar, governar e psicanalisar são impossíveis, assim como a ciência, como nos sugere Lacan, já que pretende(m) propor um modelo de Universo, um modelo de Homem, um modelo de sociedade, um modelo de normalidade psíquica, mas, na verdade, estão propondo um modelo de mundo, o que para Lacan não existe senão como ilusão.

Teresa Nazar aborda ainda esta questão da função paterna na coordenação de uma pesquisa junto à 1ª Vara da Infância e da Adolescência da cidade do Rio de Janeiro. Ali ela aponta o fato de que muitas famílias estão sendo organizadas de forma diferente, onde a mulher é mais importante já que ela ocupa o lugar de provedora e o pai deixou de ser visto como referência:

> o dinheiro deslocou o centro do poder dentro da família. Com ou sem o homem dentro de casa, o fato de a esposa ganhar mais faz com que a

> palavra do pai seja pouco reconhecida [...] a mania "psicológica" de se explicar demais para as crianças, de explicar aquilo de que os adultos não têm a menor convicção, simplesmente acaba não transmitindo nada [...] No entanto, há momentos em que se pode dialogar, como no caso em que a mãe ou pai proíbe a criança de subir em cadeira para que ela não se machuque. Há outros casos, porém, em que é só não e pronto, necessário também na formação das crianças [...] por causa da psicologização das relações familiares, as pessoas não sabem mais o que têm que fazer [...] uma mãe não sabe mais o que é ser uma mãe; um pai não sabe mais o que é ser um pai[9].

Ou, dito de outra forma ainda pela mesma autora, isto ocorreria em função da diminuição da importância dada ao papel de pai nas famílias, ou por ele não ser mais, em geral, o único provedor, ou porque o vínculo mãe/filho costuma ser priorizado pela dita "psicanálise pós freudiana" influenciando profundamente a cultura.

Isto não quer dizer que diálogos não sejam importantes, mas eles não terão o efeito esperado se não vierem precedidos da identificação viril, do reconhecimento de que há Castração (do Pai). Não há diálogo capaz de substituir a exclusão da função paterna. Trata-se, então, justamente, de afirmar a importância da transmissão simbólica da paternidade, o que se dá na infância, para que se possa transmitir falicidade e desejo e com isto os limites de Lei, que são o que irá proporcionar as condições de distinção entre deveres, direitos e desejos.

O que temos visto atualmente é que a associação ao crime tem levado a delinquência a deixar sua marca: não basta furtar, é preciso humilhar, ou seja, não se abre mão do princípio psicótico da *vendetta*, profundamente apoiada pelos laços de tolerância da culpabilidade legislativa. Trata-se, de fato, de uma retomada de um adágio do Lacan dos *Escritos*, só que aplicado ao campo Perverso/Paranoico do crime. O criminoso costuma reproduzir, diante de suposto ou existente segmento social opressor que ele pretende lesar, o mesmo tipo de humilhação que, por *Verworfen*, o fez e o faz sentir-se excluído, porque segregado. Lacan nos disse que o falante

[9] T. P. Nazar, citada por L. Silva, 2005.

costuma encontrar sua linguagem invertida, o que é um efeito da decadência legiferante da *imago* paterna, seja esta perpetrada por foraclusão e/ou desmentido, sejam eles sobredeterminados ou não.

E, voltando ao texto sobre criminologia[10], Lacan nos mostra que a lei jurídica habita o campo do sentido na via contrária à da interpretação. Enquanto na primeira (a lei jurídica) imaginariza-se o simbólico, na última (a interpretação), nos termos do Lacan dos Classicismos, simboliza-se o imaginário e, nos do Lacan do Campo do Gozo, visa-se o Real. Pode-se, até, do ponto de vista pactual, simbolizar o imaginário com a aplicação da "pequena lei jurídica"; contudo, o Estado de Direito, na melhor das hipóteses, seria compatível com a aplicação imaginária da lei, sendo a Lei do Pai sua contingente e edípica versão simbólica, nem sempre convocada como texto que, aliás, deveria estar latente.

Em suma, será este aniquilamento do olhar do Outro, que vem significar uma ausência de lugar amoroso que, por sua vez, gera a não-nomeação paterna, que vai justificar, por via "traumática", não só a drogadição no lugar de qualquer relação fálica, mas também e sobretudo a revogação de *Le Père Sévère* em favor da banalização da vida que se dá em termos da foraclusão da Castração e da alocução do acúmulo no lugar do gozo. Se neste Pai Perseverante, por via transferencial, teríamos algo análogo ao Pai Sintoma, por via sublimatória, isto é, conexão do sujeito à nomeação do gozo num Sinthoma, tem-se agora o retorno do Real e, em vez de o assassinato do Pai da Horda ser o pretexto simbólico para que o "Pai Morto" – como significação do Falo – expresse a proibição do parricídio e de todas as formas de homicídio, encarnando o hebraico e monoteísta Não do Pai (Não matarás), tem-se, como se disse, a banalização da vida, porta aberta ao assassínio.

Se a criminologia e a educação continuarem a esconder isto e a esconder-se disto com suas leis de tolerância, estaremos condenados a ver a barbárie coabitando com as formas mais sofisticadas de tecnologia e economia em nosso tempo, transformado, como disse Genet lido por Lacan, num grande "bordel", numa "casa de tolerância" que cultua o crime e a impunidade.

---

[10] J. Lacan, 1998.

REFERÊNCIAS BIBLIOGRÁFICAS

COOPER, D. La muerte de la familia. Buenos Aires: Ed Paidos, 1972.

LACAN, J. *Escritos.* Rio de Janeiro, Jorge Zahar, 1998.

________. *Outros escritos.* Rio de Janeiro, Jorge Zahar, 2003.

________. (1975-1976). *O Seminário, Livro 23, O sinthoma.* Rio de Janeiro: Jorge Zahar Ed., 2007.

MELMAN, Ch. Entrevista à Revista Veja, São Paulo, Ed. Abril, abril de 2008.

MENDONÇA, A. S. A clínica em Lacan. *A Transmissão.* Rio de Janeiro: Ed. do CEL, 2002.

________. A identificação imaginária e a razão cínica. In: *A psicanálise, a mídia e o consumo.* Porto Alegre: Edições do CEL, 2002/2003.

________. Mais ainda o filicídio. *Revista Rio Total,* Opinião Acadêmica, nº 583, RJ, 2008, disponível em: <http://www.riototal.com.br/coojornal/academicos-arquivo.htm>. Acesso: 10/03/2010.

________. *A psicanálise, a mídia e o consumo.* Porto Alegre: Ed. do CEL, 2002/2003.

SILVA, L. Função paterna: a lei na contemporaneidade. *Educação pública.* Biblioteca Educação, 2005, disponível em <http://www.educacaopublica.rj.gov.br/biblioteca/educacao/0180.html>. Acesso: 10/03/2010.

ZIZEK, S. *Eles não sabem o que fazem: o sublime objeto da ideologia.* Rio de Janeiro: Jorge Zahar Ed., 1992.

CAPÍTULO 4

LACAN, A PSICOSE E A RECOMPOSIÇÃO DA PATERNIDADE

*Rita Franci Mendonça**

A experiência de Jacques Lacan no que se refere à recomposição possível da paternidade nas estruturas foraclusivas nos é colocada como questão quando nos defrontamos com as mesmas em famílias de baixa renda, pois, como o autor incluiu o tema da segregação na estrutura da psicose, as dificuldades econômicas poderão se constituir como um agravamento desta segregação narcísica, que se sobredetermina à exclusão social.

Ao longo de sua obra, Lacan vai enriquecer a conceituação sobre o tema da função paterna, relacionando-a a sua transmissão possível no que se refere ao erotismo do desejo e à erótica do gozo. Para tal, desde seu livro *Os complexos familiares*[1], relaciona a identificação, referida à imago paterna, a uma imaginária figura de pai idealizado no complexo de castração, para depois, a partir do seminário *A relação de objeto*[2], destacar o significante pai como um lugar simbólico na normatividade edípica. Esta se refere ao caráter simbólico de sua transmissão, e Lacan chega a defini-la, em

* Psicanalista, presidente e diretora clínica do Centro de Estudos Lacaneanos – RS.

1 J. Lacan, 1938.

2 J. Lacan, 1956-1957.

seu trabalho "A significação do falo"[3], como o modo singular de expressão da metáfora paterna em um sujeito, remetendo-a, posteriormente, ao traço unário, sustentado pelo desejo de mãe como porta-voz do *Não do Pai*. Assim, ele aqui relaciona sintoma, fantasia e Inconsciente para dar conta de um erotismo próprio da transmissão da paternidade, que poderia ocorrer por acerto ou por perversificação desta metáfora. A perversificação ocorreria quando ela fosse adulterada por desmentido ou foraclusão, de acordo com as modalizações de um *pai real*, referidas pelo autor na sua relação com o *gozo* no texto "Kant com Sade"[4]. Trata-se do caráter foraclusivo deste *pai real* encontrado na paranoia, designado por Freud como *Verwerfung* (repúdio à afirmação primordial) e, por Lacan, como *foraclusão do Nome do Pai*. Lacan também se refere à perversificação quando esta é relativa à ação de desmentido, própria de um pai perverso. Freud intuiu o *gozo* quando enunciou a *pulsão de morte* e sua repetição para além do princípio do prazer[5]. Assim como Freud, Lacan subordinou este princípio ao de realidade, mas viu o *gozo* para além deste último. Por isto, colocou o *gozo fálico* como simbólica metáfora do *gozo*, o que daria lugar à paternidade como *acerto de gozo fálico*. Deste modo, em *A relação de objeto*, a articula ao *complexo de Édipo* e a vê como identificação à função paterna. Já quando se refere aos *Nomes do Pai*[6] no plural, os distinguirá em diferentes modalizações: o pai simbólico como *pai morto*, o *pai real* a provocar a perversificação da metáfora paterna e o pai ideal na castração como expressão do engano de gozo fálico, na medida em que, ali, o objeto se imaginariza em privação e frustração, referido às neuroses.

Mas, a partir dos anos 70, o autor pôde perceber o Inconsciente distinto do corpo simbólico da mediatização e do corpo imaginário do furo e fundar o *campo do gozo*. Assim, o objeto *a*, até então *causa de desejo* na sua relação com o caráter pulsional da fantasia inconsciente, incorpora-se à concepção de *letra, semblante do gozo real*. Nesta perspectiva, no seminário *O avesso da psicanálise*[7], Lacan enriquecerá o tema da paternidade por

---

3 J. Lacan, 1958.
4 J. Lacan, 1963.
5 S. Freud, 1920.
6 J. Lacan, 1953 e 1963.
7 J. Lacan, 1969-1970.

enfatizar seu entrelaçamento a partir de um nó, que articula os registros em *RSI*[8] (*real, simbólico e imaginário*). Aqui ele aponta o assassinato do real pai da horda como o pressuposto de sua simbolização, ou seja, de sua representação simbólica como *pai morto*, transmissor da *Lei do Pai*. E ainda no *Avesso da psicanálise* chamou isto de *Le père sevère.*

A importância deste novo conceito abre a possibilidade de o analista incidir sobre o delírio no tratamento das psicoses, pois passa a definir a eclosão deste *pai real* que, na sua severidade, chega a autorizar o assassinato, como se vê, por exemplo, no mito de Abraão, uma evidência traumática provocadora de um delírio, já que não ata *RSI* em nó; uma vez que o pai simbólico foi foracluído, este não pode suturar a fratura que anula o *pai imaginário* enquanto *pai ideal.*

Mas o mais importante para que a escuta psicanalítica viesse a produzir efeitos sobre as diversas estruturas clínicas referiu-se a sua proposta a partir do seminário *O sinthoma*, que é relativa ao *savoir-faire*, ou seja, à articulação possível deste *sinthoma* ao *gozo*. Trata-se de o analista transmitir ao sujeito um artifício que o emende ao nó de seu *gozo*. O efeito disso seria liberar o sujeito da *afânise* que teria destituído o seu *sinthoma* para que ele se desse conta do que haveria de mais inconsciente em sua análise: *o enigma do desejo*. Lacan o define, aqui, como *a enunciação da qual não se encontra o enunciado*[9]. Deste modo, as suturas e emendas produzidas pelo analista permitiriam a transmissão da nomeação dos efeitos de *gozo* encontrados para suprir a impossibilidade real do sujeito, ou seja, uma erótica do *gozo*, obtida transferencialmente através do *discurso do analista*. A partir deste discurso, a paternidade é apresentada como um *sinthoma* e irá transmitir falicidade singularizada. Assim, ela se transmitiu no sintoma parental, ou seja, trata-se do que a criança teria sido na fantasia dos pais. Como esta se apresenta como enigma, caberá ao analista, por via transferencial e metafórica, nomear seus efeitos por artifício através de suturas e emendas para que o sujeito reconheça tanto o que lhe restou, quanto o que ele deve abandonar para poder identificar-se, ou seja, tomar para si este sintoma.

---

8 J. Lacan, 1974-1975.

9 J. Lacan, 1975-1976, p. 65.

No que se refere à possibilidade de recomposição da paternidade a partir da intervenção clínica na estrutura da paranoia, o autor percebeu a necessidade de incidir sobre o caráter homossexual do delírio, já constatado por Freud em seu estudo sobre o *caso Schreber*[10], traduzindo, para tal, a *Verwerfung* como *foraclusão do Nome do Pai*, ou seja, para ele não há na psicose a inscrição da marca simbólica em nome da ausência do falo real, cuja metáfora é o *Nome do Pai*, uma ausência de identificações, de simbolização e de afirmação primordial. Assim, Lacan propõe que todo analista não resista diante do tratamento da psicose e ainda se analise através dela, na medida em que ele puder interrogar sua própria afetação diante de suas resistências de escuta, como, por exemplo, em alguns casos que poderiam ter grandes benefícios com a intervenção no delírio, sufocá-lo com medicação, procedimento que pode inviabilizar a possibilidade de o analista equivocar este discurso delirante e introduzir nele metáforas substitutivas com valor significante. Enfrentar o delírio como fonte rica do trabalho analítico foi o desafio do autor que, por isso, pôde demonstrar os efeitos da análise de um caso de paranoia equivocando o delírio de Aimée via método paranoico e estabelecimento de uma metáfora substitutiva. Visou, assim, à recomposição da paternidade alijada por um delírio traumático, via afirmação primordial, uma simbolização possível diante da impossibilidade de estabelecimento de metáforas simbólicas.

Por esta razão, nos anos 70, Lacan aprofunda este tema conceitual em seu seminário *O sinthoma* sugerindo que a ação da *Verwerfung* deva também ser considerada enquanto efeito discursivo e não apenas como causa do delírio homossexual como propunha Freud. Ele articula, neste momento, que o psicótico se constitui em seu delírio a partir do lugar de *ser um symptôme*, que, por ter um caráter ancestral, coloca-se no lugar do sintoma, e isto equivale à *foraclusão do Nome do* Pai, de onde *ser um symptôme* implica na constituição do *Outro não castrado*.

Embasados nos ensinamentos de Lacan, interrogamo-nos a respeito de uma possível recomposição da paternidade em um menino de onze anos, que denominamos ficcionalmente de Pedro e que apresentava evidente *foraclusão do Nome do Pai*. O que levaria esta criança a ter um olhar

---

[10] S. Freud, 1911.

fixo e assustado que a fazia recusar qualquer interação ou toque físico com pessoas que não pertencessem à sua família? Mantinha-se tanto alheio às brincadeiras e conversas com os irmãos e colegas, quanto às repetidas falas protetoras de sua mãe, que corroboravam seu aniquilamento narcísico de falo morto, de cujo gozo não se podia elidir, a ponto de perguntar a ela sobre os passos que deveria tomar a seguir. Diante de tal demanda de exclusão simbólica, não havia espaço para nenhuma erotização da própria imagem que viesse abrir caminho para a constituição de um sujeito autônomo. Mas a que demanda natural ele respondia? A mãe expressava seu próprio desamparo quando alegava ter-se apegado muito a ele para o proteger e proteger-se do que ela chamou de "maus-tratos" da própria mãe: "ela não me olhava nos olhos, só xingava e batia". Dizia o mesmo de seu pai. Restou-lhe um legado de não inclusão na fantasia de seus pais, de exclusão da falicidade, que não constituiu fantasia desejante para poder incluir Pedro na condição simbólica de filho. Esta vivência traumática da mãe, memória da fenda aberta pela falta real, teve nela efeito de autopiedade, portanto de auto e hetero-hostilidades, o que inviabilizava qualquer transmissão amorosa ao filho em função de sua *foraclusão* da referência fálica, já que ela atribuía a qualquer intervenção legiferante o valor da severidade de um *pai real*. Por isso, a hostilidade dirigida a Pedro expressava-se a partir do imaginário tratamento que ela gostaria de ter tido de sua mãe, o que a impedia de perceber o teor de sua sorridente afirmação: "coitado do Pedro, não sabe fazer nada, nem tomar banho sozinho". Uma demanda de que ele não existisse sem ela. E, se Pedro não se constituiu autoeroticamente, não houve também deslocamento de um possível lugar narcísico para um *Outro*, restando a esta criança a exclusão do amor ao significante. Uma ausência de simbolização que o impedia de se constituir conforme a estrutura da linguagem, por isso não podia dirigir a palavra a ninguém, senão à mãe. Pedro entrou para a ONG que patrocina a "escolinha de reforço escolar" por ter "rodado" na escola que frequenta. A escolinha, ao contrario dos desmandos vigentes na escola regular, exige empenho e disciplina. Uma diferença que, embora não tivesse modificado em nada sua dificuldade de interagir, presentificou nele algo paradoxal, na proporção em que passou a mostrar capacidade de aprender. Mesmo que a professora lhe atribuísse características autistas e que, por isso, a direção quisesse dispensá-lo, propusemos seu tratamento. Na interlocução inicial com o analista, reeditava sua recusa a qualquer pensamento próprio com a única frase: "não sei".

Mas de que se tratava agora nessa capacidade de aprender em contraste com a foraclusiva obrigação de saber que interditava qualquer mediação significante? A intervenção do analista, na medida em que destacou aquilo que, neste saber, portava o caráter obrigatório de repetição de uma *língua fundamental* vinculado ao discurso materno, viabilizou a possibilidade de que ele se movesse na direção de o questionar. Esta autorização, que foi corroborada através de efeitos significantes obtidos na intervenção da escuta dos pais, finalmente possibilitou-lhe verbalizar algo já subjetivado, ou seja, seu gosto pela matemática. Uma brecha diferencial de gozo que nos abriu a possibilidade de incluir seu pai a partir de algum lugar significante, lugar que, até então, era uma extensão do lugar foraclusivo materno, pois, mesmo que se tratasse de um pai que sustentava a família, ele não interferia na relação da mãe com Pedro, submetendo-se a sua demanda de tratá-lo como incapaz. Um submetimento de um pai identificado em espelho com o lugar de abandono, pois se queixou de ter recebido "pouco ensinamento de seu pai", que, embora também trabalhador, era alcoólatra e violento, razão pela qual teve que buscar "ensinamento" fora da família. Portanto, ele se sentia tão destituído de autoridade como seu próprio e anulado pai, sendo que o ato de exigir dos filhos tinha para ele o mesmo valor da violência recebida. Esta questão era agravada por seu fracasso na educação de um filho do primeiro casamento, em quem batia muito por roubar. Evidencia-se uma culpabilização natural, com valor de auto-hostilidade, que chegava a ponto de impedi-lo de expressar sua própria opinião para os filhos, restringindo-se à do pastor, cedendo a este seu lugar de pai. Pedro vivenciou isto como uma destituição paterna, porém algo de saber era demandado por este pai em forma de enigma, que se abria via suposição de saber ao pastor. Mesmo assim, o pai reforçava esta destituição quando se limitava a dar alguma tarefa ao filho às escondidas da mulher. Até por ocasião das brigas entre os filhos, delegava à mulher o papel de interferir. Uma lei que não podia se presentificar face à sua desfalicização.

Entretanto, o significante apontado pelo enigma paterno encontrou eco quando a professora da "escolinha" o exige e o convoca à diferença. Uma exigência que se colocou em tensão com a demanda foraclusiva da mãe, apontando um caminho possível a ser destacado pelo analista como *metáfora substitutiva* para suprir a fenda real aberta pela *foraclusão do Nome do Pai.* Isto porque, se o pai demandava uma voz legiferante, que Lacan, em seu caso *Aimée*[11], chamou de *um pai*, ele o convocava através do pastor como promotor de "ensinamento". Assim, o analista utilizou este incipiente significante aberto pela suposição de saber paterna como metáfora substitutiva, através dela valorizou a capacidade de Pedro assimilar "ensinamento" e, ao mesmo tempo, solicitou que a professora fizesse o mesmo, de modo a que ele exercesse uma espécie de monitoria. A resposta foi tão positiva que Pedro passou a se autorizar a explicar a matéria aos colegas, transmitindo-lhes "ensinamento". Um significante que funcionou como inscrição simbólica, um artifício para emendar algo de simbólico ao seu gozo real. Ao mesmo tempo, o analista teve que equivocar o lugar de certeza atribuído tanto à suposição de desamparo dos pais, efeito dos ditos maus-tratos do ódio e da pobreza, quanto ao caráter de violência atribuído a qualquer exigência. Da mesma forma, foi necessário desimaginarizar a suposta incapacidade de Pedro. Nesta medida, o lugar de suposição de saber antes dirigido ao pastor deslocou-se para o analista: "nunca imaginei que fosse achar bom me abrir para um estranho". Percebe-se, deste modo, que o pastor, que não era tomado como um estranho, por desempenhar as funções de uma "moralidade natural", mesmo sendo demandado a suprir sua carência paterna, não pôde ser tomado como um lugar simbólico de diferença. Por isso, o significante do enigma paterno não tinha força para se descolar de uma demanda mortal, pois se tratava de um pai que, até então, não podia dizer a que vinha como legiferante para sustentar o *Nome do Pai.* Já a mãe dirigia ao analista uma demanda inicial de acolhimento, com valor de *Outro não castrado*, a partir do que Michel Silvestre, em *Amanhã, a psicanálise*, chama de *transferência erotômana.* A resposta de acolhimento do analista, por ter tido valor de inclusão amorosa, abriu a possibilidade de alguma interrogação neste sujeito da certeza, o que estabeleceu uma suposição de saber: "a gente pensa que está fazendo certo, mas eu fiz tudo errado". Neste momento, as equivocações e afirmações primordiais passaram a ter, também para ela, valor de inclusão de alguma referência fálica e,

---

[11] J. Lacan, 1932.

deste modo, puderam ser transmitidas ao filho. Essa equivocação incidiu, sobretudo, no suposto caráter real de severidade da lei, que pôde ser recebida com valor amoroso de significante, a ponto de produzir algum efeito simbólico, alguma autonomia em Pedro. Isto foi possível porque o analista colocou-se no lugar dito por Lacan, no seminário *As psicoses*[12], de um traço simbólico, que aponta na psicose o caráter homossexual de reprodução de uma língua natural. Assim, uma criança que até então era dotada de um corpo despedaçado, porque em junção mortal, distingue a própria imagem daquela da mãe na medida em que, ao dirigir a própria fala a outros, mostra sustentar alguma intermediação para além desta *língua fundamental* demandada pelo objeto tido como real. Nascia alguma alteridade em consequência das atuais exigências dos pais, dotadas de valor significante. Assim, para surpresa de todos, Pedro respondia a estas exigências sorrindo, a ponto de se incluir nas brincadeiras com os irmãos e colegas. Isto foi possível porque o significante "ensinamento", destacado pelo analista com valor paterno de metáfora substitutiva, foi não só assumido por este pai como próprio, na medida em que passou a ter voz ativa de lei, mas também sustentado pela mãe, na presentificação de um possível *Não do Pai*. Isto veio a produzir em Pedro um interessante efeito simbólico com feições de identificação com a transmissão do "ensinamento" paterno, um significante que, também com a ajuda da professora, possibilitou sua interação com os colegas, em um lugar agora simbólico de saber, na sua relação com alguma falta, ou seja, passou de mudo observador para o de ter um lugar próprio e destacado: o de quem, ao elucidar as dúvidas dos colegas, transmite "ensinamento". Até para o analista permitiu-se falar sobre seus feitos, usando uma frase que antecedia cada fato relatado: "pelo que eu sei...". Ou seja, agora ele podia saber algo por ele próprio, além do obrigatório saber ditado pela mãe, a quem passou a contestar com argumentos lógicos a partir de sua própria percepção do mundo: "não vou arrumar as mochilas dos meus irmãos, cada um tem que arrumar a sua". Ele, que no início excluía a segunda pessoa, por estar inscrito apenas na terceira pessoa do discurso de outrem, passou, então, a se designar na primeira pessoa, uma evidente

---

12 J. Lacan, 1955-1956.

erotização da própria imagem, o que possibilitou que a aproximação de estranhos, até então sobredeterminada à hostilidade materna, deixasse de ser um sobressalto. Entretanto, ainda se esquiva de ser beijado, atitude que rejeita na própria mãe, com valor de demanda. Porém aceita o aperto de mão, gesto que, no tratamento, tomou como metáfora da autorização de autonomia dos adultos. É ainda evidente nele a dificuldade de manifestar "sentimentos" próprios, visto que sua fala é expressão de uma lógica agora vinculada ao "ensinamento" paterno. Mesmo assim, mostra alegria quando incluído nas brincadeiras dos irmãos, agora defendendo sua vez no videogame. As novas exigências dos pais permitiram-lhe não só interagir com aqueles colegas que ele considera bem comportados, nos moldes familiares do *Nome do Pai*, como também ser responsável por tarefas domésticas e por sua higiene pessoal. Em casa tornou-se um tagarela e, na classe, destaca-se pela via do saber, também se incluindo prazerosamente nas atividades lúdicas.

Considerações finais

Certamente nos interrogamos em que medida, através das equivocações e do artifício, via metáfora substitutiva sobre este saber obrigatório e real, durante apenas seis meses e em sessões quinzenais, em atendimento institucional, pôde ocorrer uma recomposição simbólica da paternidade. Por esta razão, não se trata de um caso de plena resolução, já que a resposta simbólica foi ainda incipiente, na proporção em que não se pôde efetivar o luto do *pai real* para colocar o Nome do Pai em seu lugar a ponto de constituir recalque para a formação de um *ego* e de um inconsciente simbólico, mas abriu-se uma perspectiva de inclusão em um sujeito até então segregado na exclusão reprodutiva de uma língua natural. Cessados os efeitos de auto-hostilidade, que eram uma resposta às demandas foraclusivas, viabilizou-se a inclusão de outros no mundo de Pedro, até então restrito à mãe. Por esta razão, de modo semelhante ao *caso Aimée* de Lacan, o analista, designado do lugar possível de um traço de amor ao significante, veio a ocupar, pelo menos para os pais, o lugar simbólico de *um pai* possível, uma inscrição imagética de *metáfora substitutiva* no lugar do *Nome do Pai*, um traço que pôde funcionar com algum valor de paternidade, de referência fálica, de algum sintoma, uma representação possível no lugar do gozo masoquista com a morte. Desta maneira, tratou-se aqui de uma simbolização possível da morte, do *real do gozo*, por efeito de *metáfora substitutiva*, com valor de reinclusão, e não ainda de um destacamento de *gozo particularizado*, que Lacan aponta, no seminário *O sinthoma*, como sinônimo de um artifício que *emendaria* o sujeito a alguma nomeação da impossibilidade de seu *gozo*.

Os resultados aqui obtidos como intervenção psicanalítica possível na psicose deixam clara a necessidade de que esta incida sobretudo nos pais de uma criança, quando se trata neles de questões ou fantasmáticas ou delirantes, interrogando ou equivocando o lugar que um filho venha a suturar como denegação ou recusa à castração simbólica, pois esta criança constitui-se como repetição do sintoma familiar que a excluía.

Deste modo, para o tratamento possível da psicose, no que se refere à escuta proposta pela teoria lacaniana, mostra-se empobrecedor para a direção da cura dar a esta estrutura o limitado sentido organicista de "doença mental" em contraposição à suposta existência de uma "saúde mental", pois sua abordagem implica, sobretudo, em se considerar a estruturação singular de cada sujeito na sua articulação com o *pai real*. Por isso, Lacan sustenta que tratar o psiquismo como expressão de saúde ou doença refere-se à suposição imaginária de etiologias orgânicas ou genéticas, tratáveis biologicamente. Se Lacan viabilizou o tratamento possível da psicose para além deste discurso imaginário, sustentamos o aforismo freudiano de que a *psicanálise só avança onde a paranoia* (de seu lugar de certeza) *fracassa*. Por esta razão, no caso acima citado, produziu-se, no mínimo, uma equivocação do delírio, uma transmissão de falicidade que reverteu sua herança delirante de segregação.

Referências bibliográficas

FREUD, S. (1911). Notas psicanalíticas sobre um relato autobiográfico de um caso de paranoia (*Dementia paranoides*). História clínica de Schreber. *Obras completas*, v. XII. Rio de Janeiro: Imago Ed., 1976.

________. (1920). Além do princípio de prazer. *Obras completas*, v. XVIII. Rio de Janeiro: Imago Ed., 1976.

LACAN, J. (1932). *Da psicose paranoica em suas relações com a personalidade*. Rio de Janeiro: Ed. Forense-Universitária, 1987.

________. (1938). *Os complexos familiares*. Rio de Janeiro: Jorge Zahar Ed., 1984.

________. (1953 e 1963). *Nomes-do-Pai*. Rio de Janeiro: Jorge Zahar Ed., 2005.

________. (1955-1956). *O Seminário, Livro 3, As psicoses*. Rio de Janeiro: Jorge Zahar Ed., 1985.

________. (1956-1957). *O Seminário, Livro 4, A relação de objeto*. Rio de Janeiro: Jorge Zahar Ed., 1995.

________. (1958). La significación del falo. *Escritos 1*. México: Siglo XXI Editores, 1980.

________. (1963). Kant com Sade. *Escritos 2*. México: Siglo XXI Editores, 1980.

________. (1969-1970). *O Seminário, Livro 17, O avesso da psicanálise*. Rio de Janeiro: Jorge Zahar Ed., 1992.

________. (1974-1975). *O Seminário, Livro 22, R.S.I.* Rio de Janeiro: Taurus (não autorizada).

________. (1975-1976). *O Seminário, Livro 23, O sinthoma*. Rio de Janeiro. Jorge Zahar Ed., 2009.

SILVESTRE, M. *Amanhã, a psicanálise*. Rio de Janeiro: Jorge Zahar Ed., 1990.

Capítulo 5

Dos processos de segregação: a drogadicção em suas relações com a família e com a sociedade

*Ernesto Söhnle**

O presente trabalho pretende apresentar um saber relativo à origem estrutural e à inserção social do fenômeno da drogadicção. Para tal, elaboramos um quadro teórico-clínico que responde à articulação da psicanálise intensiva (clínica) com a psicanálise extensiva enquanto abordagem que possibilitou o mapeamento conceitual do modo de ser deste tema como um sintoma na cultura a partir de seis questões de pesquisa[1]. Portanto, mesmo que a drogadicção tenha causalidade e/ou desdobramento foraclusivo, repercutindo como um sintoma clínico para a cultura, ela não é um sintoma em si, mesmo que se faça passar por isso. O modo de ser dessa questão sintomática está ancorado, também, no discurso da toxicomania como o seu avesso extensivo e complementar. E, por ser um sintoma

* Psicanalista membro do Centro de Estudos Lacaneanos – CEL – RS.

[1] Mesmo que tais indicadores detenham um nível conjectural plausível, eles jamais irão superar o seu caráter parcial, provisório e hipotético de organizadores da investigação, se aproximando daquilo que, para a epistemologia genealógica de um George Canguilhem ou de um Alexandre Koyré, fundamenta conceitualmente uma atitude estética e/ou científica, atuando como questão preliminar.

na cultura, a psicanálise intensiva, por si só, é ineficaz, enquanto tal, tanto para abordá-la quanto para dar-se conta de seus efeitos.

Assim, preliminarmente, faz-se necessária a distinção entre o que entendemos por drogadicção e aquilo que se convencionou chamar de toxicomania: o termo drogadicção refere-se a uma questão psíquica, pois remete à gênese de uma tendência que evoca o uso compulsivo, progressivo e autodesagregador de substâncias ditas "não-violentas", manifestando-se comportamentalmente na forma de auto-hostilidade, que visa o envenenamento lento. Tal procedimento se consolidaria, conforme Lacan (1938), em função da preclusão do desmame e da consequente fixação de um modo de gozo ancestral, que Lacan chamou de apetite. Por sua vez, esse apetite se expressaria como um gozo para com a morte, cujo desdobramento possível seria a inserção do drogadito na perversão social, via hetero-hostilidade. Então, se a drogadicção pode ter, enquanto gênese possível, origem na Foraclusão do Nome-do-Pai, via preclusão do desmame, a toxicomania, que é o seu efeito social possível, coloca em cena a questão da hetero-hostilidade como fundamento identificatório egoico-agressivo. Neste sentido, o termo toxicomania remete às manipulações perversas da esfera social, onde concorrem os argumentos de mercado, a razão cínica do poder oficial e a lógica da Acumulação, essa própria do Discurso do Capitalista, conforme estabelecido por Lacan (1972). Em suma, o conceito de toxicomania qualifica o conjunto de procedimentos próprios da degradação da cultura, sejam eles institucionais, midiáticos, econômicos ou políticos, que permitem, no nível organizacional, paralelo ao Estado, a livre circulação, distribuição e consumo de drogas ilícitas. Mais ainda, tal categoria não se reduz ao juízo de existência dessa ordem paralela, pois abarca também o mapeamento da lógica de mercado e de mentalidade responsáveis pelo uso legal das drogas enquanto mais um efeito cínico do discurso da ciência, como evidenciou Jésus Santiago (2001).

Posto isso, cabe informar ao leitor que as três primeiras questões articular-se-ão no sentido de tentar dar conta, pelo menos parcialmente, do aspecto estrutural da drogadicção a partir de uma perspectiva destacadamente intensiva (clínica). Por seu turno, as três suposições subsequentes irão visar à compreensão do modo de ser do fenômeno da segregação drogatícia (toxicomania) em função da inserção e do estímulo ao efeito maníaco de compulsão ao consumo no laço social. Nesse sentido, teremos como:

1ª QUESTÃO: A ORIGEM DO APETITE COMPULSIVO PELA DROGA

Do ponto de vista extensivo, é bem conhecida a narrativa de certa teologia antiga, que nos fala de um apetite original, estabelecendo relações entre a incorporação de determinado fruto e a expulsão do paraíso, do qual o útero e a utopia constituem alegorias nostálgicas. Já do ponto de vista do drogadito, sabe-se que a questão do apetite, caracterizada por Lacan (1938) como a fixação em um modo de gozo específico, pode gerar a autoexclusão por condenar o sujeito ao suicídio lento, inerente à adição enquanto manifestação explícita de um gozo com a Morte. Ou, como já formulamos em hipótese de nível plausível[2]: *a fixação – via identificação com a imago do seio (no corpo materno despedaçado) – de um apetite foraclusivo, que é caracterizado pelo gozo com a morte, sob a forma de suicídio não-violento.*

Para tal, partimos da reflexão lacaniana, exposta n' "Os complexos familiares", sobre uma certa tendência à morte, que é explícita na drogadicção e que se traduz como objeto de um apetite, indicando sua vinculação ao "envenenamento lento", através do qual "o sujeito procura reencontrar a imago da mãe"[3]. Ou seja, esse modo de gozo, caracterizado pela fixação libidinal em um *gadget* (enquanto fantasmagoria do objeto primordial), ao ser encarnado por um drogadito, revela-se em procedimentos suicidas que, por se espaçarem no tempo e envolverem a ingestão de substâncias ditas "não-violentas", podem ser chamados de lentos, aspecto que realça ainda mais a fixação oral do complexo.

Explicando melhor: no final dos anos 30, a pedido de Henri Wallon, Lacan produz, para a *Enciclopédia francesa* (tomo VIII), um verbete intitulado "A família", dedicado às "circunstâncias e objetos da atividade psíquica", que daria origem ao livro: *Os complexos familiares.* Neste trabalho, Lacan reconceitua a noção de trauma, que para Freud foi substituído pelo conceito de Castração, ou mais precisamente, pelo conceito de Recalque Originário. Por sua vez, Lacan preferiu ver, no nível do falante, o desmame como efeito de recalque. Já o trauma propriamente dito passou a ser visto

---

2 E. Söhnle, 2010.

3 J. Lacan, 1938, p. 41.

como a recusa do desmame, em função da fixação do apetite, que Lacan associou à eclosão da psicose, a partir de sua referência textual ao "grupo familiar tornado incompleto", pelo que seria conhecido, posteriormente, como foraclusão do Nome-do-Pai.

Baseados nisso, podemos supor que o apetite será preclusivo em relação ao desmame, porque a fixação (*Fixierung*[4]), por identificação homeomórfica, no seio despedaçado remete à ficção mortal da Coisa (*das Ding*), quando revestida da *imago* despedaçada de uma mãe ancestral (enquanto Outro não-Castrado). Com efeito, ocorrida a fixação no seio despedaçado e não no seio como primeiro objeto fálico oferecido ao falante, ocorrerá também a fixação na *imago* ancestral desta mãe, fato que evoca a memória do objeto primordial (impossível), bem como o encontro progressivo com sua face mortal, através do dito suicídio não-violento, em que a droga passa a ocupar o lugar que deveria ser da alteridade do Desejo de Mãe, quando porta-voz do Nome-do-Pai. Aliás, seria a intervenção simbólica do Nome-do-Pai, enquanto Não-do-Pai, que convocaria a diferença (conforme o 2º momento do estádio do espelho), convertida depois em semelhança, conforme o 3º e resolutivo momento do estádio do espelho, onde se dá a formação do ego. Contudo, no momento em que o desmame é recusado, por efeito de trauma, ocorre a antecipação da foraclusão do significante do Nome-do-Pai e de sua consequência, que é o Outro, porta-voz do Não-do-Pai como Lugar de Desejo de Mãe. Por outro lado, a aceitação do desmame levaria a uma separação do imaginário do Desejo de Mãe, pois o

---

4 J.-A. Miller, ao se debruçar sobre a concepção freudiana de *Fixierung*, nos lembra que a fixação "exprime [...] o que podemos traduzir como a conjunção entre o gozo e a memória. [...] A fixação designa o fato de que o sujeito permanece ligado a um modo de gozo, quando deveria ultrapassá-lo, substituí-lo por outro. É o que define o arcaísmo eventual de um modo de gozo. [...] O que está em primeiro plano no uso freudiano do termo 'fixação' é a libido" (Miller, 2005, pp. 189-190). Quanto à estreita relação, expressa pela *Fixierung*, entre o gozo e a memória arcaica de um objeto (impossível) na drogadicção, Lacan já havia nos alertado para o caráter obscuro dessa mórbida associação mental evidenciada, no apetite foraclusivo, entre um gozo erógeno e a memória da *imago* do seio materno (despedaçado), "como é também revelado pelas ligações entre a mãe e a morte, tanto pelas técnicas da magia quanto pelas concepções das antigas teologias..." (Lacan, 1938, p. 41).

recalcamento da *imago* do seio seria equivalente a uma separação do imaginário do Desejo de Mãe (que tenderia à Castração).

Porém, quando não há um "pai" que interdite o gozo materno, simbolizando o Lugar de Desejo de Mãe – para que se produza a diferenciação entre o corpo/seio da mãe e o corpo da criança, que seria então vertido como um corpo de significantes –, o corpo vivo do *infans* passa a ser excluído de qualquer elemento de alteridade para se tornar prisioneiro de uma lógica fisiológica (conforme o funcionamento real da mítica lamela[5]) que, por sua vez, estabelece o rechaço da Castração. Devido a essa foraclusão do Simbólico, a recusa do desmame será vivida como a experiência de uma exclusão, manifestando-se, comportamentalmente, através da auto e hetero-hostilidade, tanto discursiva, quanto factual. Neste caso, "a fixação é o acontecimento que não pode ser verbalizado, não pode ser incluído na história retroativa do sentido"[6], retendo o sujeito em um significante traumático[7], o significante que foi *Verworfen* e que volta a partir do Real enquanto gozo com a Morte.

Em outras palavras, não havendo separação, que é simbolicamente introduzida pela falta, quando emanada da intervenção legiferante do Nome-do-Pai, não há subjetivação e tampouco inclusão no espaço social, mas apenas a consumação da colagem entre o sujeito e seu objeto mais-gozar: *a* droga. Então, esse corpo, excluído da cadeia significante, passa a funcionar libidinalmente como um órgão Real, não-morto (incorpóreo), tributário do gozo do Outro materno (não-barrado). Isso porque, na ausência da intervenção simbólica do Não-do-Pai, a foraclusão do Nome-do-Pai introduzirá a *Verworfen*, por efeito da *Verwerfung*, estabelecendo o lugar de sujeito do delírio, S(A)/*a*, onde o que foi recusado no simbólico reaparece na realidade (sempre no mesmo lugar), como advindo do Real.

Até porque o Real é, a juízo de Lacan, o lugar da ex-sistência, de algo que ex-sistiu "antes" e não entra na linguagem de forma nenhuma, ocorrendo apenas como falta no Sujeito ($), isto é, através dos representantes de sua ausência. O Real, não sendo simbolizável, não pode ser nomeado,

---

5 J. Lacan, 1966; 1964.

6 J.-A. Miller, 2005, p. 194.

7 Cf. A. Quinet, 2006.

falado ou ouvido. Ele é inaudito, provoca aturdimento e não cessa de não se escrever, porque a sua escrita é impossível. Ele é a exclusão absoluta do Sentido (enquanto articulação entre o Simbólico e o Imaginário). Então, em última análise, a Morte seria a única ocorrência, não-mediatizada, que o Real tem para oferecer, já que a Coisa é impossível. Isso porque o Gozo é Real e somente comparece como metáfora, como gozo fálico (JΦ), que é experimentável, mas do qual nada se sabe, já que a Castração pressupõe o fato de haver um impossível saber sobre o Gozo. Então, o Falo, por ser Real, ex-siste e só pode ser representado por metáfora, pelo Nome-do-Pai, que é a significação do Falo (representante de sua ausência) e/ou semblantizado pelo objeto *a* (sua holografia). Por isso, conforme *Mais, ainda*, o significante fálico foi articulado ao sacrifício de uma parte do gozo, em função da emergência d'alíngua. Mas, na drogadicção, a recusa do desmame, ao antecipar a foraclusão do significante do Nome-do-Pai, condena o sujeito a constituir uma parceria com a droga que, segundo o Lacan do discurso de encerramento das "Jornadas de estudos sobre cartéis", rompe o casamento com o Falo[8]. Portanto, nesse caso, do ponto de vista da fixação no apetite (logo, da não-constituição da pulsão oral), poderemos verificar a ocorrência não-simbolizada do gozo do órgão, via abuso de drogas, com a Morte. Ali o drogadito, em sua ânsia de provar a satisfação original, de atingir o seu Nirvana artificial, vai até o limite organísmico de seu gozo, ainda que para isso tenha que abrir as portas do que Lacan denominou de inferno (*overdose*, enfrentamento do Mal radical, como gozo no lugar da Morte).

Nestes termos, Charles Melman caracterizou um gozoutro, por se furtar ao sacrifício de gozo limitante da Castração, ao articulá-lo à *imago* homeomórfica do seio (no que este remete à recusa do desmame), à mãe ancestral (enquanto signo de Bem Supremo) e ao gozo auto-hostil, enquanto processo paulatino de encontro com a face mortal da Coisa, próprio das Psicoses:

> Por ser assim infundado em direito [Lei], esse gozo não é também interditado, ou seja, articulável [com o gozo fálico]. Opera sem que aquela ou aquele que ele suporta possam reivindicá-lo, se fazer reconhecer nele por

---

8 Cf. J. Lacan, 1975.

> outro ou sustentar sua imagem de outra forma que não pela presença real de um objeto destinado a ser consumido: [...] É certo, um objeto fundador, um ancestral epônimo podem ser imaginados: seio, por exemplo, que alimentará em tal sujeito o devaneio de uma mecânica de fluídos. Mãe toda poderosa que por responder a todas as necessidades aboliria a complicação e os tormentos do desejo [...]. A satisfação propriamente sexual – e mesmo a questão da escolha do sexo do parceiro – é eclipsada aqui em proveito de procedimentos de incorporação, oral por exemplo, e de aspirações fusionais. [...] Vê-se o estilo paranoico próprio a este processo. O lugar do sujeito aí não se preserva efetivamente senão por este precário intermédio: presença do objeto cujo caráter exaltante prende-se apenas ao que anuncia seu desaparecimento, dilaceramento por um amor que se pretendia eterno, quando o que ele suscita é a proximidade da consumação[9].

Nesse sentido, conforme "O real, a Coisa e o sexo"[10], de A. S. Mendonça, a Coisa impossível, depois de assassinada, somente se consolida como Morte, porque ela não pode realizar aquilo que foi ilusoriamente pleiteado pelo sujeito do prazer: adequar prazer, realidade e satisfação, em nome da Virtude, do Bem Supremo. Então, em função do fracasso (possível) da Coisa surge o Falo (incorpóreo), como o verdadeiro e impossível objeto de desejo, enquanto "conjunto de forças que resistem à Morte". Esse último foi, também, chamado pelo Lacan do Campo do Gozo de Gozo Real. E a psicanálise, por referir-se ao sujeito cindido e ao objeto apenas como causa, metáfora e metonímia do $J\Phi$ (gozo fálico), face ao gozo no nível do duo Sintoma (nexo lógico)/Desejo (sustentação fantasmática), aposta no Gozo Real, no Falo, como impossível e paradoxal conjunto de forças que resistem à Morte, "pois é verdade que a função própria do falo na economia psíquica é justamente de interditar que se goze com a morte. [...] Na toxicomania [drogadicção] trata-se, ao contrário, de repudiar todo o dever fálico"[11].

A drogadicção seria, justamente, o culto prazenteiro ao Bem Supremo que, ao precluir a pulsão de morte, aproximaria perigosamente o

---

[9] Ch. Melman, 1992, pp. 151-152.

[10] Cf. A. S. Mendonça, 1998, p. 5.

[11] Ch. Melman, 1992, pp. 90-91.

sujeito do prazer do Real-do-Gozo, isto é, daquilo que concerne à transformação do Real (impossível) em Morte. Por isso que a Morte é o ex-sexo da Coisa enquanto o único sexo que há no Real, porque não existe. Ou seja, o Real só pode apresentar como sexo aquilo que está para aquém da pulsão de morte e o que está para aquém da pulsão é a Morte enquanto tal. Na compulsão drogatícia, quando essa suposição de "sexo do Real" não se desgruda da *imago* do seio como ilusão de Bem Supremo – isto é, de haver um objeto (*das Ding*) capaz de fundir prazer, realidade e satisfação – a única coisa que esse gozo não-sintomatizado pode oferecer é a Morte, dita, por isso, Real-do-Gozo, por ser o único e impossível sexo do Real. Ou já não foi dito por alguém que a relação sexual, por ser Real, não existe?

Logo, é para a Morte que aponta o gozo com os orifícios do corpo de um drogadito, quando tomado em estado puro. Ou seja, esse gozo do órgão (fisiológico), por ser assexual e infinito, porque desprovido de incorporação significante, é um gozo impossível de se suportar, uma vez que aponta para a autoconsumação do próprio corpo (imaginário). Ou melhor, ali o apetite, por ser preclusivo em relação ao desmame, consolida a fixação no seio despedaçado, que remete à ficção mortal da Coisa (*das Ding*), quando revestida da *imago* de uma mãe ancestral, semblante que evoca a suposição de reencontro com esse objeto impossível, enquanto signo de Bem Supremo. Essa suposição de gozo absoluto, concernente à demanda de um sujeito do prazer – que articula libidinalmente seio, mãe e Coisa incestuosa – no sentido de adequar prazer, realidade e satisfação, irá traduzir-se comportamentalmente no encontro progressivo com a Morte, pela via de um gozo auto-hostil com o "envenenamento lento". Em suma, não havendo a intervenção simbólica do Não-do-Pai, o Lugar de Desejo de Mãe, quando psicoticamente articulado como um prazeroso Soberano Bem, irá condenar esse sujeito ao lugar de *Verworfen*, que é o lugar do excluído, próprio do sujeito do delírio na Psicose, onde o que foi recusado no registro do Simbólico retorna como Real (do Gozo), isto é, como Morte. O que sugere uma outra questão.

2ª questão: a presença da agressividade egoica

É relevante, ainda do ponto de vista da autoexclusão psíquica, o aprofundamento conceitual da questão da agressividade egoica em suas modalidades auto e hetero-dirigidas. Ou, como supomos, em face da experiência adita, a presença *da agressividade egoica e, por vezes, foraclusiva.* Assim, no final dos anos 40 e início dos anos 50, Lacan irá tratar da estrutura do ego através das identificações e de suas consequências agressivas e criminológicas. Desta série de trabalhos o mais conhecido é "O estádio do espelho"[12], cujas primeiras versões remontam aos anos 30 do século passado. No estádio do espelho, Lacan irá formular, basicamente, três teses:

A 1ª tese se refere à imagem do corpo despedaçado, compatível com a ideia de ego-primordial. Ou seja, no primeiro momento do estádio do espelho, Lacan nos remete a uma cena de indiferenciação primitiva entre a *imago* do corpo da criança e a *imago* do corpo (seio) da mãe. Trata-se de dois corpos em contiguidade, mas não em uma articulação unificadora e sim em uma "montagem" que conduz à imagem de um corpo *morcelée*. O *infans*, por não ter realizado a singularização imagética, vê seus lábios e o seio/corpo da mãe como pedaços multifacetados, dilacerados, impossíveis de serem reunidos em uma totalidade estável. Nesse momento teríamos apenas a incompletude foraclusiva do *je*-ideal, o que corresponde à sua versão por um ego-original, conforme a identificação com a memória do corpo despedaçado, compatível com a noção de Psicose própria do Lacan dos anos 30. Portanto, esse momento não somente caracterizaria o *infans*, mas também a impossibilidade de concebê-lo como falante.

Já em um 2º momento, Lacan fala da passagem do *infans* a falante, aspecto que nos remete à compatibilização entre essa 2ª tese e o dito Lacan

---

12 Uma primeira versão teria sido apresentada em junho de 1936, em conferência na Sociedade Psicanalítica de Paris (da qual restaram poucas notas, registradas por Françoise Dolto). Pouco depois, o trabalho foi apresentado, em 15 minutos (devido à intromissão de Ernest Jones), no XIV Congresso Internacional de Psicanálise, realizado em Marienbad, em agosto de 1936, sob o título: *Le stade du miroir, théorie d'um mouvement structurant et génétique de la constituition de la realité, conçu en relation avec l'expérience de la doctrine psychanalytique.* Em seguida, Lacan volta à temática do estádio do espelho, em resposta ao pedido Henri Wallon, na *Encyclopédie* (protótipo d' *Os complexos familiares*, de 1938). Mas sua versão final, como a conhecemos nos *Escritos* (1966), corresponde à reformulação apresentada no XVI Congresso Internacional de Psicanálise da IPA, realizado em Zurique, em agosto de 1949, sob o título: *Le stade du miroir comme formateur de la fonction du je telle qu'elle nous est révélée dans l'expérience psychanalytique.*

do Classicismo, de acordo com os aforismos: "só há Ics no *parlêtre*" e a "linguagem é precondição do Ics". A aquisição da linguagem é fundamental para a superação da origem foraclusiva do *infans*, na medida em que essa remete à memória da *imago* do corpo despedaçado. Ou seja, a linguagem é a condição para a constituição do Ics, visto que o sujeito somente pode formular o *Je* na condição de *parlêtre*. Por fim, como 3ª tese, Lacan nos indica que o *Je* (sujeito do Ics) é precondição do *je-ideal*, que nada mais é que o ego-ideal, então um *moi*, conforme o terceiro e resolutivo momento do estádio do espelho.

Porém, um ano antes da versão definitiva do estádio do espelho, Lacan (1948) já antecipava as consequências clínicas e extensivas da questão egoica, nos brindando com uma teoria da agressividade em psicanálise. Para ele, a agressividade seria oriunda do ego e não de Tânatus, conforme pensava Freud. Ou seja, Freud reconhecia como a fonte da agressividade humana o mítico Id, o qual submeteria o Ego ora ao efeito perverso-agressivo de Tânatus, ora ao efeito desejante e amoroso de Eros, apostando no princípio reunificador desse, quando em abundância, de acordo com o "Mal-estar na civilização". Contudo, Lacan desconstrói a suposição de a agressividade ser proveniente do Id, passando a ver o próprio Ego como sua fonte autônoma. Ou seja, a suposição inicial de Freud, por analogia a Hobbes, basta consultar Sergio P. Rouanet (2003) – de a agressividade ser oriunda do Id (Tânatus) e, depois, que tudo o que era suposto no Id (até porque há Superego), estaria de fato no Ego –, foi tomada literalmente por Lacan, como descreveu A. S. Mendonça[13]. Ele propõe então, conforme "A agressividade em psicanálise", a descrição de uma série de tendências agressivas, de acordo com as modalidades identificatórias do ego.

Fundamentalmente, Lacan correlacionou a intenção agressiva a um modo de gozo auto e hetero-hostil, em função de uma identificação homeomórfica, que levaria à exclusão e/ou à indiferença para com o registro imagético de outrem, organizando tal procedimento identificatório "sob a rubrica, que de fato parece estrutural, de *imagos do corpo despedaçado*"[14], próprias do campo das Psicoses. Tratar-se-ia de uma identificação da ordem

---

[13] Cf. A. S. Mendonça, 2003.

[14] J. Lacan, 1948, p. 107.

do mesmo, conforme o 1º momento do estádio do espelho, sem totalidade e com origem despedaçante. Assim, na tese II de "A agressividade em psicanálise", Lacan irá nos apontar a incidência da agressividade, quando psicótica, nos vetores eletivos, correlatos ao gozo com as imagens de "castração, mutilação, emasculação, desmembramento, desagregação, eventração, devoração e explosão do corpo"[15], que foram incluídas numa "série de estados significativos da personalidade, que são as psicoses [...] paranoicas"[16]. E, ao determinar como sede da agressividade um ego primordial, Lacan já teria reconhecido, desde 1938, tal existência como pertinente ao apetite de uma memória ancestral e mortal, que visaria o segredo do seio materno. Deste modo, ao apontar tal determinação da agressividade, por identificação imaginária à memória da *imago do corpo despedaçado*, seu pensamento nos remete à psicose na origem da agressividade, mas também, enquanto efeito, à auto e à hetero-hostilidade (melancolização e/ou assassinato), próprias da ação perversa.

Ainda em "A agressividade em psicanálise" (conforme tese IV), Lacan vai reiterar a descrição dessa forma paranoica de agressividade, mesmo que o 1º momento do estádio do espelho possa ser superado, como denota o efeito gozoso de júbilo, quando o sujeito reconhece sua forma global, ficando essa *imago morcelée* inscrita nas profundezas do psiquismo, enquanto *imago* recalcada no desmame. Porém, como dissemos, a fixação por identificação homeomórfica na *imago* do corpo/seio despedaçado produz um efeito traumático que remete o sujeito ao suicídio não-violento, observado nas formas radicais de drogadicção, obesidade mórbida e anorexia mental. Esse modo de gozo sempre comporta uma intenção agressiva, proveniente da memória ancestral de corpo retalhado, "colado" aos, ou alijado dos órgãos (onde se inclui o objeto impossível e seus sucedâneos objetos parciais ↔ *a*), que assume(m) uma topologia êxtima, isto é, quanto mais o *a*bjeto é consumido (introjetado) mais fora do corpo ele parece estar (vide a dita "álgebra da necessidade" de William Burroughs). Esse horror à falta, equivalente a um delírio de desagregação corporal, pode se cristalizar num modo de gozo estigmatizado como demanda de colagem

---

15 Ibid., p. 107.

16 Ibid., p. 113.

no "seio/droga", por exemplo. Seu retorno sempre no mesmo lugar aguça, por efeito melancólico, a auto-hostilidade do suicídio lento, assim como uma possível modulação perversista: a hétero-agressividade delinquencial e, por vezes, homicida. De qualquer forma, na adição (invertida ou não), a libido, que na época era imaginária para o Lacan dos anos 40-50, se fixa na *imago* foraclusiva do corpo despedaçado, condenando o sujeito a um modo de gozo auto-hostil, em relação ao qual nem o risco de morte faz barreira, por ser característica desse gozoutro uma tendência erotômana de expansão ilimitada do gozo do órgão, quando em colagem com um objeto mais-gozar, com valor de droga.

3ª questão: a possível falência social e transmissiva da família

Assim, já nos encontramos diante da caracterização da drogadicção, através da compatibilização entre a psicanálise intensiva e a psicanálise extensiva, visto que a toxicomania, por se inserir numa equação de mercado, convoca a impostura, a perversificação da família e a corrupção da sociedade, como próprio do modo de ser deste Sintoma Social[17] na cultura. O estudo da relação drogadicção/toxicomania envolve a posição da ciência, do Estado, do Direito, pois todos esses entrecruzamentos demonstram que, embora a psicanálise intensiva possa incidir sobre sua origem clínica e individual, ela é insuficiente na abordagem e no enfrentamento social do fenômeno, porque este envolve, entre outros fatores, conforme hipoteticamente formulado: *a falência social e transmissiva da família como lugar*

---

[17] Pois este mal-estar estaria "inscrito, mesmo que nas entrelinhas, de forma não explícita, não articulada como tal, no discurso que é o discurso dominante de uma sociedade em uma dada época" (MELMAN, 1982, p. 66). Mesmo porque, de acordo com o psicanalista croata Slavoj Zizek (1992), em *Eles não sabem o que fazem*, foi justamente devido a essa concepção dos excessos sociais que Lacan disse ter sido Karl Marx quem inventou o sintoma social. Com efeito, sintoma na cultura seria todo o fenômeno que, ao se apresentar como um excesso, uma "anomalia" social, faz transparecer uma verdade paradoxal: o caráter antagônico e imanente da cultura de uma sociedade em uma dada época.

de produção do sintoma parental, bem como a consideração de seus efeitos desagregadores no tecido social.

Foi neste sentido que Lacan (1967), em sua "Alocução sobre as psicoses infantis", retomou o papel do complexo de intrusão, só que não em termos de ciúme fraterno, em que irmãos concorrem pelo mesmo espaço na família – conforme os sentidos estritos elaborados n' "Os complexos familiares": a) de intrusão narcísica, em que a rivalização entre semelhantes funciona como o protótipo das relações sociais; e b) de intrusão psicótica, em que o nascimento de um irmão assume o valor de exclusão familiar – mas de grupos e/ou massas disputando o mesmo espaço de gozo, o que lhe permitiu falar extensivamente não só do tema da agressividade e da crise das identificações, mas especificamente da temática da Segregação. Ou melhor, Lacan nos indicou que o atual estado de planetarização (hoje globalização), enquanto efeito do remanejamento das estruturas sociais, pelo discurso progressista da ciência (e da tecnologia), não faz mais do que revelar seu liame com a Segregação, na medida em que colabora com a perversificação social da Metáfora Paterna. Então, a dissolução da ordem simbólica e civilizatória precedente, em função de um novo discurso hegemônico, que exorta a morte do olhar do Outro, levaria as populações pós-industriais e ocidentalizadas a engrossar as fileiras dos que são tragados nos processos de segregação, por situar o laço social em torno de álibis retóricos que banalizam a agressividade em nome de formas cada vez mais extraviadas de sobrevivência e ilusão.

Entretanto, abordar a sintomática inscrita no duo toxicomania/drogadicção, que é caracterizada pela falência das instituições e pela progressiva desagregação do que existia de simbólico na paternidade, requer a consideração, preliminar, do que Lacan apontou como sendo o "declínio social da *imago* paterna", que é imaginário, por se referir às versões imaginárias a respeito do patriarcado e não se confunde, necessariamente, com a Função Paterna, que é simbólica. Trata-se de algo que Lacan aprendeu com Claude Lévi-Strauss ao observar o declínio, na civilização moderna, da patrilinearidade como forma de transmissão do parentesco. Até porque, o patriarcado, como forma de instituição patrilinear da filiação, nunca foi garantia de transmissão, tampouco de erotização da identificação viril. Em todo caso, ali Lacan nos disse ser "esse um declínio intimamente ligado à dialética da família conjugal...", bem como à figura do "pai, sempre de algum modo carente, ausente, humilhada, dividida ou postiça"[18]. Na sequência de seu texto, Lacan irá articular, extensivamente, esse declínio aos efeitos externos do progresso social, vale dizer, a concentração econômica e as catástrofes políticas, vendo tal fenômeno como um dos fatores que responde pela crescente vivência de agressividade em que estão mergulhadas as sociedades contemporâneas. Mesmo porque tal declínio seria prenúncio da exclusão e/ou desmentido da subjetividade simbólica. Assim, em "Nota sobre a criança", ao constatar o fracasso recorrente das utopias sociais e das tutelas comunitárias, Lacan (1969) irá sublinhar o papel fundamental e singular da Metáfora Paterna enquanto lugar e momento de transmissão do Sintoma (familiar), senão vejamos:

> A função de resíduo exercida (e, ao mesmo tempo, mantida) pela família conjugal na evolução das sociedades destaca a irredutibilidade de uma transmissão – que é de outra ordem que não a da vida segundo as satisfações das necessidades, mas é de uma constituição subjetiva, implicando a relação com um desejo que não seja anônimo. É por tal necessidade que se julgam as funções da mãe e do pai. Da mãe, na medida em que seus cuidados trazem a marca de um interesse particularizado, nem que seja por intermédio de suas próprias faltas. Do pai, na medida em que seu nome é vetor de uma encarnação da Lei no desejo. [...] [Trata-se da transmissão do] sintoma – esse é o dado fundamental da experiência analítica – [que] se define, neste contexto, como o representante da verdade[19].

Mesmo porque a diferença, enquanto aquilo que particularizava o modo de ser e de se relacionar dos homens nos espaços sociais, serve menos para fomentar esta manipulação das identificações imaginárias aos insumos de consumo (objetos mais-gozar) em função de uma nova ordem globalizada e mais para imprimir uma marca singular, uma assinatura de proveniência, própria do Significante-Mestre. Por isso, corroborando Lacan, o psicanalista J.-P. Lebrun (2004) nos fala do advento de um *Mundo*

---

[18] J. Lacan, 1938, p. 67.
[19] J. Lacan, 1969, p. 369.

sem limites onde o discurso da ciência, submetido à lógica da acumulação capitalista, dá curso a uma uniformização inédita e cada vez maior da vida cotidiana, a ponto de subverter profundamente o equilíbrio da família, na medida em que solapa o exercício da função paterna:

> doravante, a sociedade mais redobra a posição materna que sustenta a função paterna. Ela se apresenta, a partir daí, como incestuosa; desabona o exercício da função paterna e colabora, simultaneamente, no declínio do pai. Num movimento de pêndulo, essa erosão do poder paterno não permite mais ao pai sustentar seu lugar de contrapeso necessário à dialética familiar e ratifica, no seio mesmo da família, o que o social promove. Ao se intensificar esse esforço mútuo, é grande, a partir daí, a tentação, para um sujeito, de aproveitar-se desse dispositivo para escapar às obrigações implicadas por tornar-se adulto. É num tal contexto que podem perfilar-se novos fenômenos de sociedade e "novas doenças da alma"[20].

Neste caso, a veiculação planetária desse argumento universalizante, celebrado como advento de uma "aldeia global", lança sua teia padronizante sobre a diversidade dos modos de gozo, revelando, por vezes, sua face cínica e excludente, ao pretender rasurar ou mesmo apagar, no âmbito dos mais variados segmentos de uma coletividade, a função social do pai (simbólico), por apresentar como suspeitas e/ou superadas as diferenças que esses pontos de referência ousam inscrever em uma sociedade. Neste sentido, a atual rebelião fundamentalista que testemunhamos fala menos sobre a ortodoxia dos diferentes modos de gozo (do corpo), prescritos no Alcorão, na Torá, ou na Bíblia, e mais sobre o efeito excludente do neocolonialismo ocidental, que não lida bem com as diferentes formas de gozar, ainda que elas possam aludir ao simbolismo desbotado de um irredutível termo terceiro.

Em todo caso, os pontos de apoio simbólicos, transmitidos pela ancestralidade e situados a partir do Grande Outro, que habilitavam o sujeito a estabelecer liame social, sob o signo da tolerância para com o *heteros* da discórdia, parecem estar sendo gradualmente enfraquecidos e/ou fora-

---

[20] J.-P. Lebrun, 2004, pp. 211-212.

cluídos, em função de "um deslocamento histórico que vai do Outro ao pequeno outro, como objeto *a*, e, com o modo de produção capitalista, o gozo de hoje é mais extraviado que um outro"[21]. Aliás, esse Outro era responsável pelo estatuto de um gozo linguageiro, dito o gozo fálico, que mantinha os modos de gozo a uma certa distância do extravio (excesso incestuoso e obsceno). Porém o esvanecimento do Outro-Simbólico, sob a emergência dessa nova lógica discursiva, situada unicamente a partir de um mais-gozar – *a* Acumulação –, vai reconstruindo um mundo sem limites, inclusive, aos moldes do bordel genetiano:

> Vale dizer que essa época experimenta o declínio [...] da significação fálica em conexão com a posição paterna. Enquanto efeito de discurso, a toxicomania [drogadicção] consiste em mais uma das respostas do real, em momentos nos quais o Outro, como insígnia, não mais existe para orientar os rumos da vida. [...] E, se a função paterna e a sua transmissão se degradam cada vez mais na cena sócio-histórica contemporânea, todo um vasto campo de referências imaginárias e simbólicas, concomitantemente, enfraquece-se e esvai-se. Justamente na civilização da ciência, assiste-se a total debandada dos *significantes-mestres* – esses significantes únicos e unificadores –, cujo efeito não pode ser outro que a fragmentação e a dispersão generalizada dos modos de gozo[22].

Enfim, quando não há um pai que interdite o gozo materno simbolizando o Lugar de Desejo de Mãe – para que se produza a diferenciação entre o corpo da mãe e o corpo da criança, que seria, então, vertido como um corpo de significantes –, o corpo vivo do *infans* é excluído da lógica fálica para se tornar prisioneiro do gozo do Outro, a se consubstanciar como um gozoutro[23]. Por isso, ao preconizar a "decadência da *imago* paterna", nos

---

21 J.-A. Miller, 2005, p. 154.

22 J.-P. Lebrun, 2004, pp. 211-212.

23 Gozoutro é um modo de gozo que segue a lógica infinita do conjunto aberto, portanto de expansão crescente, não-limitado pelo JΦ (gozo fálico), que se expressa na colagem entre gozo do órgão e *a* droga, enquanto objeto mais-gozar, fantasmagoria da Coisa próxima que, apesar de impossível, para o sujeito não está totalmente perdida. Mas, se no consumo situacional, ou na drogadicção "acidental" o sujeito apresenta um

anos 30, bem como a extensão de seus efeitos de exclusão simbólica nos anos 60, Lacan pôde constatar que "a paranoia viria do futuro", conforme o *bon mot* proferido em 1969. O que nos leva, extensivamente, a uma:

4ª QUESTÃO: O DROGADITO E SEU ENLACE COM A PERVERSÃO SOCIAL

Se o efeito auto-hostil, da chamada autoexclusão psíquica, faz com que o drogadito passe a gozar com o risco de sua própria morte, é estruturalmente plausível, instigado pelo liame que ele pode estabelecer com o atual estado de degradação social (propício ao estatuir de ordens paralelas), que o ato masoquista incida também sobre outrem. Esse raciocínio corrobora a suposição: *de inserção do drogadito, por efeito de estrutura, na perversão social, através da identificação imaginária com os emblemas da agressividade egoica.* Viés que convoca a necessidade de ser dada uma abordagem extensiva à ótica que lhe empresta o conceito de Sintoma Social, de onde iremos articular, através da função estratégica da mídia, o Discurso do Capitalista, dito em copulação com o discurso da ciência, à impossibilidade do Governar, bem como ao poder paralelo da criminalidade, de modo a realizar o triunfo (perverso-paranoico) do duo preconceito-exclusão.

Em outras palavras, é possível que a drogadicção, de provável causa e/ou desdobramento foraclusivo, apresente enquanto consequência um efeito perverso, ainda que facilitado pela baixa pressão[24] (tóxica). Até porque a droga, em seu caráter ilícito, é um objeto de gozo que não pode ser adquirido pelas ditas vias "normais", necessitando ser repassado através de

---

modo de gozo ligado à questão imaginária, porque ele supõe um liame do i(a) com o Outro-simbólico (ainda que virtual), esta modalidade de gozo pode se dar também por uma redução psicótica, na suposição de fusão entre i(a) e Outro não-barrado. Assim, enquanto na identificação imaginária, de caráter heteromórfico, o sujeito dirige-se egoicamente ao semelhante, ou ao prazer, enquanto suposição de laço, ou satisfação (felicidade), na drogadicção, por uma exclusão homeomórfica da alteridade, o drogadito dirige-se ao Próximo, que é uma redução incestuosa da alteridade à Morte (lenta).

[24] Se para Hegel o termo *Unterdrück* é colocado no mesmo campo semântico de superação, etimologicamente falando *unter-drucken* significa "empurrar para baixo", daí o sentido de "passagem por baixo" do recalcado, retomado por Lacan no *Seminário 11*.

procedimentos clandestinos, ilegais, que remuneram o tráfico e este, por sua vez, agencia outras tantas atividades criminosas. Mais ainda, em uma civilização cada vez mais desprovida de Outro Simbólico, o discurso da ciência, por saturação midiática, não suporta somente o remanejamento dos papéis na família, mas prescreve modelos que forçam uma homogeneização cada vez maior dos diferentes modos de gozo no sentido de privá-los de sua "estranheza" simbólica em nome de uma "ética"/estética alinhada ao mercado globalizado de gozo.

Para além da banalização mercadológica do sexo, da violência e do saber, os *gadgets* são apresentados como signos de sucesso, sofisticação e prazer, conforme nos apresenta a função estratégica da mídia, sem esquecer dos símbolos de rebeldia e desconstrução, proliferantes nas egoicas matrizes identitárias[25] das tribalizações urbanas, ainda que pouco resistentes à domesticação das *griffes* customizadas. Concorrem ainda para o sucesso dessa fraude desejante (levar a recepção a se identificar imaginariamente com a efemeridade dos *gadgets*, tomados como objetos de necessidade) o ideal cientificista que aposta na reversão das impossibilidades, bem como o discurso da ciência que promete a cura do mal-estar ao alcance dos orifícios do corpo, embalados nos sucessivos *slogans* das "novas gerações" de *a*bjetos mais-gozar, que nem por isso deixam de exalar um odor de mania degradante. Enredados nessa teia de engodos os consumidores podem se demitir da reflexão sobre sua própria implicação no gozo que obtêm com sua dor (para que o *phármakon* realize sua função de máscara, cosmético e filtro do esquecimento de si, conforme Platão *apud* Derrida[26]). Bastando, para se reconhecerem incluídos no círculo sadiano do consumo, que os consumidores de bem-estar girovagueiem kantianamente pelos labirin-

---

[25] Aliás, o discurso da toxicomania, por se inscrever no nível egoico (e identitário) da agressividade social, sempre criou *personas* que oscilam ao sabor da mídia, da moda e do consumo, como, por exemplo: o suspirante baudelairiano, o *junky* burroughniano, o *hippie* huxleriano, o *druguis* burgessiano *by Laranja mecânica* (Anthony Burgess, 1962), irmão mais velho do *punk* viciousiano *à la* John Simon Ritchie (*Sex Pistols*), Malcom Mclaren, Vivienne Westwood e Cia., assim como o discurso médico (toxicologia) inventou versões pseudocientíficas do sujeito drogadito (personalidades) enquanto unidades de valor psiquiátrico (o compulsivo, o dependente químico, etc).

[26] Cf. J. Derrida, 2005.

tos hedonistas da *drogstore*, tendo como balizadores os últimos indicativos publicitários, legitimados pela prescrição médica de uma dieta farmacoquímica oferecida pelo xamanismo corporativo transnacional, apesar do excesso de gozo pairar como um gládio sobre as cabeças do rebanho, como alertou Lacan (1966) na conferência denominada "Psicanálise e medicina". Mesmo porque, parafraseando Rosa Luxemburgo, a acumulação capitalista visa transformar todas as terras virgens em reservas de mercado.

Nesse sentido, antecipando-se à crise global de 2008-2009, Lacan já havia apontado, nos anos 70 do século XX, essa tendência à domesticação, ao amesquinhamento e à aridez, referindo-se ao Discurso do Capitalista (foraclusão da castração) e a sua ilimitada capacidade técnica para esgotar não só todos os tipos de recursos materiais que são por ele prospectados e consumidos, mas, também, os próprios espíritos que o servem, o que, mesmo depois de 1929, parece característico da mentalidade autofágica do próprio sistema: "O discurso do capitalista é algo loucamente astucioso [...], anda às mil maravilhas, não pode andar melhor. Mas, justamente, anda rápido demais, se consome. Consome-se, de modo que se consuma"[27]. Doravante, não se trata somente dos "solos" natural, cultural, social e artístico (já abduzidos pela indústria cultural, como descreveram Adorno e Horkheimer, 1947), pois, como lembrou D.-R. Dufour (2005):

> trata-se também das regiões psíquicas onde se faz a bricolagem das identidades. [...] O sonho atual do Mercado, em sua lógica de extensão infinita da área da mercadoria, é poder oferecer *kits* de todo o gênero, inclusive panóplias identitárias: discursos, imagens, modelos, próteses, produtos... Idealmente, o Mercado é o que deve poder fornecer, a qualquer um, em todos os lugares e a todo instante, todos os produtos que são supostos corresponder aos desejos, estranhamente compreendidos como desejos instantâneos e possíveis de satisfazer sem demora[28].

Contudo, um peculiar efeito colateral dessa imposição universalizante dos mercados comuns, malgrado a semântica antirracista e huma-

---

[27] J. Lacan, 1972.

[28] D.-R. Dufour, 2005, p. 183.

nitária do discurso da ciência, é a cristalização tribal da violência, como verificamos no ressurgimento dos fundamentalismos, dos racismos, dos separatismos, das organizações criminosas, bem como do fenômeno das gangues, que supõem preservar e/ou impor determinadas formas de gozo, em detrimento de outras, ainda que em função de álibis político-religiosos, raciais e/ou meramente econômicos. Diante disso, podemos reconhecer, com Lacan (1969), que para além da retórica humanista de recomposição da *fraternité* (suposta como mais solidária e equânime), encontramos o traço originário da Segregação (lei-do-gozo, barbárie, assassínio, seja em ato ou como fantasma) segundo *O avesso da psicanálise*. Até porque o Lacan derradeiro, conforme "Televisão" (1974), não se contradisse quando nos advertiu que o clamor humanitário pelo advento de comunidades fraternais, isto é, radicalmente homogêneas, esbarra no racismo que, ao emanar da foraclusão do Outro-simbólico, rejeita tudo o que se apresenta no registro da diferença.

Mas antes disso, retomando a lição contida em "Funções da psicanálise em criminologia", Lacan insistiu no risco de supressão do lastro simbólico das estruturas sociais, restando às condutas expressarem apenas um "simbolismo" edipiano, que faria alusão ao declínio e/ou à degradação do poder social do significante fálico. Nestes termos, a associação ao crime ocorreria, do ponto de vista da psicanálise, por efeitos hetero-hostis da Psicose e/ou da Perversão (conforme o facínora desmentido do Pai-Simbólico). Ou seja, quando as condições sociais do edipianismo perdem o seu caráter simbólico, em função de um retorno do assassínio do pai totêmico, bem como do desmentido dos efeitos de sua Lei perseverante[29], as condutas humanas (no caso, reduzidas à demanda de *gadgets*) não se realizam mais pelas vias fálicas e/ou sublimatórias, mas por procedimentos *irreais* de violação, fraude, sequestro e morte, conforme uma anterioridade puramente Real.

Assim, em função da evolução do pensamento de Lacan, conforme sua "Proposição de 9 de outubro de 1967", que tomou como pré-texto uma forma sumamente real de segregação, de óbvia motivação psicótica – por

---

[29] Aspecto que será desenvolvido no artigo "Lacan, a perversão e a criminalidade", da psicanalista Tânia Baumhardt.

responder à lógica do racismo mental, quando da instrumentalização, pela ciência, dos primeiros campos especialmente concebidos e administrados para o extermínio em massa –, lamentamos admitir, a exemplo do *bon mot* proferido em 1969, que "a segregação vem do futuro". Ao que perguntamos: esse futuro sombrio de livre comércio prenunciado por Lacan (1967), não seria o presente de nossa paranoia social, face à expansão do mercado por outros meios, como é o caso do narcoterrorismo, dentre outras manifestações da predatória acumulação capitalista? Até porque Lacan nos disse que a segregação encontraria seu justo alargamento num futuro de mercados comuns, inclusive por outros meios, como é o caso das guerras (inclusive de "baixa intensidade"), parafraseando a célebre associação entre guerra e política, presente no monumental *Da guerra*, de Carl Von Clausewitz.

Em todo caso, ao não priorizar as identificações simbólicas, a ordem discursiva hegemônica condena o sujeito, aproveitando-se da exclusão socioeconômica das comunidades periféricas, favelizadas como no Brasil, ao aprisionamento nas identificações imaginárias, tanto idólatras (com os líderes de comando), quanto homeomórficas, de ódio à semelhança e à alteridade. Nestes casos, a morte do olhar do Outro é suturada pelo culto idólatra ao *big-brother*, por exemplo ao traficante, que funciona como um "pequeno-mestre" perverso a desmentir qualquer efeito possível de Ideal-de-Ego, em proveito de um ego-ideal de prazer, ocupando o mesmo lugar e exercendo a mesma função dos "padrinhos" na máfia.

Isso sem esquecer que seria em nome do "respeito", suposição de reparar a dita "exclusão da inclusão", que o segregado psíquico se identifica com o grupo dos excluídos, ou melhor, com a agressividade egoica portada por aqueles que se julgam iguais, "os mano", se reconhecendo como parte de uma nova fratria: o "movimento". Aliás, segundo "Psicologia das massas e análise do ego", a reivindicação de justiça (igualdade) estaria baseada no ciúme fraterno, conforme Freud, podendo se intensificar, via homossexualidade egoico-agressiva, na intrusão psicótica, como indicou Lacan (1938). Assim, tudo aquilo que é exterior a essa "atitude" antissocial, isto é, que não é Próximo (*Nebenmensch*), ou próprio de sua obrigação de igualdade (imaginária e comportamental), não é tolerado – já que, por foracluir a Lei-do-Pai, tais grupos são refratários à Alteridade, bem como ao seu efeito imaginário: o registro egoico da semelhança –, sendo o estranho, o elemento exógeno, incluído na categoria de ameaça: o "alemão" (inimigo a ser combatido). Por isso, também, esses grupos funcionam por confinamento territorial, dada a pregnância do que Lacan (1974) chamou de visco imaginário, por exemplo no fenômeno psicótico do duplo (vide o delírio de "amor" ao próximo da "supremacia branca", a exemplo dos atentados contra negros e judeus, em 2003 e 2009, na cidade de Porto Alegre, que mobilizou o ódio e a intolerância de grupos neonazistas).

Assim, no âmbito individual, quando não há referência paterna que possa ser transmitida pelo Superego materno, via Ideal-de-Ego, esse buraco na significação pode ser ocupado, no âmbito gregário, por um ego-ideal perverso, de onde pode se difundir a liturgia drogatícia e a requisição transgressiva. E, por não encontrar alicerce em nenhuma identificação com o Outro-simbólico, no lugar limitante da Lei, vale dizer no lugar do Ideal-de-Ego, I(A), o "mano", leia-se o excluído psíquico, apela para o mimetismo da identificação imaginária, dita homeomórfica (da ordem do mesmo), com o ego-ideal d' "os mano", i(a), ponto de partida da paranoica requisição homossexual de igualdade, de efeitos perversos: a delinquência e a segregação (da *vendetta*). De fato, as falanges criminosas, ao serem estatuídas sob a lógica transgressiva da fraternidade perversa, além de criarem a ilusão de satisfazer a necessidade de afirmação da "virilidade" juvenil, permitem colocar em ato o delírio de insubmissão às normas e aos limites sociais, em suma, rechaçar a Castração. Vemos aí as virtualidades hétero-agressivas da psicose – intimamente articuladas à categoria de identificação homeomórfica a um ego natural – explicitadas pelo termo "criminosos do ego", utilizado por Lacan em "Premissas a todo desenvolvimento possível da criminologia", conforme *Outros escritos*. Em suma, a inserção do drogadito na perversão social dá-se via identificação imaginária com os emblemas da agressividade egoica, que são portados pelo nexo perverso da criminalidade, bem como pela corrupção do Estado e da sociedade civil. Em outras palavras, tais procedimentos indiciam a presença discursiva e fenomenológica de possíveis formas paranoicas e perversas, quando em liame social. Disso nos dá testemunho a crônica social, bem como o realismo de determinadas narrativas documentais e ficcionais, inclusive do ponto de vista do policial, onde o rigor da moral de Kant flerta com o risco de tornar-se uma flor sádica, ainda que exponha o verdadeiro funcionamento falimentar do sistema social sem os disfarces bom-mocistas da razão cínica, adotados pela ideologia oficial, na acepção de Peter Sloterdijk.

Neste sentido, ao *zeitgest* crítico inaugurado por longas como *Cidade de Deus* (Meirelles, 2002), baseado no romance homônimo de Paulo Lins, cujo "mecenas" teria sido Roberto Schwarz, e *Tropa de elite* (Padilha, 2007) – que vem promovendo a travessia da fantasia ideológica, própria da glamorização romanceada da marginalidade, tão em voga nos anos 60 e 70 do século passado, quando o governo militar, através de seu braço policial, engendrou o terrorismo de Estado – se incorpora a narrativa cênico-imagética de *400 contra 1*: uma história do crime organizado. O olhar fílmico do diretor Caco Souza (2010) recupera a "dívida" que o crime organizado no Rio de Janeiro tem para com o "pensamento" radical, quando grupos subversivos optaram pela *action directe* em função da exaustão do potencial emancipatório da luta de massa, então mergulhada no "torpor ideológico capitalista". Assim, a protocena do nascimento das facções criminosas, tanto no Rio, como em São Paulo, teve como palco a extinta prisão Cândido Mendes, na Ilha Grande, onde presos políticos, como o ex-Pe. Alípio Freitas, dividiram o espaço carcerário com criminosos comuns, como o "professor", nome de guerra de William Lima da Silva[30], um dos fundadores do Comando Vermelho, em 1979. Ali, na esperança de cooptar os apenados para a nobre causa comunista, os guerrilheiros começaram a ministrar treinamento em guerrilha, que continuou extramuros. Já, no início dos anos 80, os foragidos da Ilha Grande realizaram a *passage à l'acte* munidos dos conhecimentos organizacionais da guerrilha (futuramente copilados no "Manual de guerra"[31] do C.V.), para assaltar, em causa própria, bancos, empresas e joalherias (vide o lendário cerco à quadrilha de Zé do Bigode, José Jorge Saldanha, no nº 313 da Rua Antinópolis, em abril de 1981). Assim, durante o *boom* da cocaína, nos anos 80, o C.V. já havia desenvolvido um grau de controle do sistema carcerário nunca visto antes[32], permitindo

---

30 Cf. L. W. da Silva, 1991.

31 Uma adaptação, por vezes grosseira, mas não menos eficiente de documentos como: *Guerra de guerrilhas* de Ché Guevara e *O pequeno manual do guerrilheiro urbano*, de Carlos Marighela.

32 Cf. B. Lessing, 2008.

as suas lideranças deliberar sobre a vida e a morte dentro e fora das prisões, como no caso do Sr. Fernandinho Beira Mar, para com isso organizar as ações nas favelas e no asfalto, cujos retornos sempre crescentes eram reinvestidos na expansão e consolidação da rede criminosa carioca.

Paradoxalmente, deste *affair* entre presos políticos e bandidagem derivaram alguns sentidos equivocadamente atribuídos ao criminoso comum como: "vítima de um contrato social perverso", no fundo um "bandido-herói" (versão cínica do bom-selvagem), "benfeitor dos pobres", sendo o comando paralelo visto por certa *intelligentsia* revolucionária como "alternativa" ao repressivismo de um Estado tido como iníquo, corrupto[33] e cerceador das liberdades. Ou marginal, à *la* Helio Oiticica[34], não era um termo *cult* até dos entusiastas do píer da Gal (posto 9) no Rio de Janeiro? Em tempo, os semblantes libertários passaram a banalizar não somente a "ginga" transgressiva da dita lei de Gerson (desinibição dos pequenos gozos privados), mas também a diluir, através do que se poderia chamar de lógica do *outsider* (fusão entre atividade crítica e princípio do prazer), o ato criminoso, como nos demonstram, discursiva e comportamentalmente, certas personalidades atraentes, desportivas e midiáticas, que se mostram "amigos dos amigos". Teríamos, assim, em uma dada sociedade "democrática" e balcânica "a criminalidade recheando o corpo social [...], com a significação social do crime reduzida a seu uso publicitário"[35], como volta a nos antecipar o Lacan de "Funções da psicanálise em criminologia".

Portanto, em vez de reconhecer o deslocamento desse exotismo da malandragem para o realismo do que, em termos estéticos, João Cesar de Castro Rocha chamou de dialética da marginalidade[36], forçaram, como Cacá Diegues (1999) na refilmagem de *Orfeu*, a visão romântica do "bom malandro", aí já pós-moderno e descolado. Com precisão, a referida dialética da marginalidade poderia ser conceitualmente vertida como um sintoma social, característica da fenomenologia da segregação, vale dizer, de

---

33 Obviamente, não nos cai bem usar a máscara da hipocrisia ideológica, denegatória da interface perversa entre a ordem oficial e a ordem paralela.

34 Vide sua ode "tropicalista" ao anarquismo, em nome de um suposto inconformismo heroico e democrático: *Seja marginal, seja herói!*

35 J. Lacan, 1951 [1950], p. 147.

36 Cf. J. C. Castro Rocha, 2004, pp. 4-9.

auto e de hetero-exclusão. Mesmo porque a drogadicção passou a ser um meio antissocial que o crime organizado encontrou para fazer liame social perverso, inclusive pelo terror, aproveitando-se da exclusão simbólica, econômica e legal a que são submetidas as comunidades favelizadas para realizar o mercado da acumulação (gozo). Aspecto que, de certa forma, o cinema realista contemporâneo, ao bascular da ficção ao documentário e vice-versa, expõe. Até porque, como na peça de Genet (*O balcão*), a cena prisional atual seria uma *maquette* da perversão social, uma "casa de tolerância", onde a realidade se torna mais chocante do que qualquer ficção (verossímil[37]), pois quase todos participam da função cumplicidade/acobertamento, que mantém vivo o plano da perversão maníaca desse grande bordel em que vivemos não no sentido moral, mas da ausência de Lei-do-Pai.

Esta leitura de Lacan, presente também no discurso de *Tropa de elite II* (Padilha, 2009), inscreve o mal-estar social não mais na dissolução da cultura, conforme o ponto de vista freudiano de 1929, sobre o antagonismo desagregador de Tânatus (o principio perverso-agressivo da guerra e da morte) contra Eros (o princípio da vida), mas na degradação do Falo pela expansão do liame perverso entre a ordem moral, que toda sociedade tem, e uma ordem paralela, fundamental para a sustentação e estabilização dos poderes assim constituídos. Daí Lacan ter falado de o "bordel no qual vivemos" para pôr em relevo o sintomático estado de degradação do Falo, próprio da cultura atual, na medida em que a política já ter-se-ia tornado mero exercício de cinismo e traição dos nobres ideais por ela vinculados, cabendo, enquanto último recurso, isto é, como último resíduo do poder, *apud* Hegel, a polícia reintegrar, ainda que pela força, o Falo ao seu estado dignificante. *Ou pior*, se na peça de Genet o papel de elo entre o poder e seu anverso obsceno foi ilustrado na e pela relação entre o chefe de polícia e a dona do bordel, no Brasil ele fica a cargo da banda podre da política e do dito sistema de segurança pública, em suas atividades anômalas: comércio de dossiês e escutas ilegais, financiamento irregular de campanhas para políticos fantoches, assistencialismo de currais eleitorais, milícias, segurança

[37] O cinema realista brasileiro nos remete a um aturdimento muito próximo da "estética do trauma", conforme o longa Cama de gato, de Alexandre Stockler (2002).

privada ilegal, fornecimento pirata de gás e TV a cabo, exploração de van e ônibus clandestinos, extorsão de prostituição, além do velho imposto sobre o jogo do bicho e eletrônicos, bem como "arrego" com traficantes de drogas e armas, etc.

Mais ainda, em meados dos anos 80, já na abertura política, por não abrir mão de uma visão "repressivista" de Estado como máquina de *Vigiar e punir*, a ilusão do Governar firmou "pactos humanistas" de não-limitação do crescimento urbano desordenado (responsável pela proliferação de favelas em áreas de risco no RJ), bem como de não-repressão ao nascente poder paralelo nas comunidades, cooperando para a consolidação do domínio territorial das falanges do narcotráfico, assim como para a exclusão das populações submetidas ao poder do AR-15. Em tempo, a crise da construção civil, com a liquidação do BNH, contribuiu para que as facções cariocas ampliassem seu poder de recrutamento sobre uma parcela pouco qualificada da população, agora desempregada, favelizada e marginalizada, que havia imigrado para a região sudeste nas décadas anteriores. Em pouco tempo o comando paralelo passaria a funcionar panopticamente (dentro e fora das prisões), vigiando o cidadão com seus "falcões" e sistemas de monitoramento clandestino, aterrorizando a população com seus "bondes" e punindo com "microondas" todos aqueles que ousaram atravessar o seu caminho (vide a emblemática execução do jornalista Tim Lopes). De fato, esses procedimentos, agrupados sob a rubrica do narcoterrorismo, estão mais para a barbárie imotivada da "falsa paixão do real", segundo o Zizek (2008) leitor de Badiou, que para a ficção do "terror heroico", conforme André Malraux (1933), que via no ato trágico um último resíduo de resistência d' *A condição humana* em face de perversão do sistema social e político. Aliás, as táticas de terror, que visam dar visibilidade às facções do narcotráfico como um poder paralelo, apenas reforçam o sistema que dizem combater.

Mas, por falar em paradoxos do próprio sistema, em 1993 a guerra político-midiática entre o populismo do governo Brizola e a politicamente adequada Rede Globo se acirra sob o pano de fundo de duas chacinas de repercussão mundial – Candelária e Vigário Geral – protagonizadas por grupos de extermínio da PM e por policiais civis respectivamente. Então, quando a própria polícia não se submete mais à lei jurídica, por fazer liame com a perversão social, mergulhamos no estado de exceção, explorado pelo cinismo midiático-oficial, onde teríamos a própria "polícia no poder". Mais do que a delinquência, ou o crime organizado, são os representantes das instituições do dito Estado de Direito que, ao tornarem-se metáforas de degradação do Falo, banalizam a vida por cultuarem apenas as formas de sobrevivência ou ilusão. Paradoxalmente, a leniência política nas áreas de urbanismo e segurança pública, que se estendeu até 1994, se articulou à função estratégica da mídia, em seu semblante "plural e tolerante" – dito humanitarismo de encomenda por Lacan (1973) – que supõe que o "centro é a periferia" de todos os gozos, como quer fazer pensar a mestre de cerimônias (e produtora cultural) Regina Casé. De forma geral, o fetichismo idólatra da mídia, como forma dissimulada de convocação do racismo mental, sob o signo da agressividade egoica, se difunde pela banalização performática com que as TVs vendem notícias sobre violência urbana, criminalidade e *modos vivendi* dos traficantes – ao melhor estilo "cultura das celebridades", enfatizando um *status* deificante (o poder, a riqueza e o sexo) –, contribuindo para seduzir toda uma prole de excluídos, não importando aí se esses jovens entram ou não no sistema de cotas para os economicamente desfavorecidos.

Malgrado esse exotismo midiático, que propõe um novo encantamento às vias de exploração do parque humano, favela é área de exclusão sim, bandidagem e comando paralelo não suprem a omissão do Estado (enquanto cândida expressão política da "dialética da malandragem"), polícia corrupta não é somente um reflexo das elites, mas de toda a sociedade, que goza com a possibilidade da pequena transgressão cotidiana. Neste caso, a visão de nosso anjo pornográfico, Nelson Rodrigues, é mais honesta, pois não faz diferença entre a degradação presumida dos subúrbios e o moralismo de fachada das classes média e alta, incluindo ambos na "perversão nossa de cada dia". Ou a economia do morro não é, principalmente, bancada pelo humanitismo "verde"[38], à *la* Quincas Borba, de nossa, quase politicamente correta, classe média? Por muito menos, em 1969, diante

[38] Em face da apreensão de dezenas de toneladas de maconha, somente no Complexo do Alemão, quando da sua ocupação pelas forças de segurança, só nos resta dizer, a exemplo de William Burroughs, que o "sonho ideológico", enquanto um misto de fraude e pesadelo, ainda não acabou...

de um auditório inflamado no Centro Experimental de Vincennes, Lacan chamou os contestadores maoístas de *Lumpenproletariat*, porque os via despojados da vergonha ática, com o que concordou Jacques-Alain Miller (2004) ao situar esta mesma vanguarda acadêmica e anti-institucional no plano da impudência. Ironicamente, a estrutura que lava o dinheiro do crime organizado foi chamada de "terceiro setor" pelos órgãos de imprensa.

E, apesar do mal-estar cada vez mais evidenciado na confrontação compulsória da população com a criminalidade, a mentalidade de "fora-do-sistema" foi narcotizando a reflexão sobre os efeitos sociais dos processos de segregação envolvidos na drogadicção e na toxicomania, de lógica inserção psíquica e social. Assim foi até o ponto em que o ato político de ocupação do conjunto de favelas do Complexo do Alemão, pela militarização das forças de segurança pública, que restauraram o monopólio da violência legítima, passou a ser significado pelas próprias comunidades ocupadas[39], bem como pela maior parte da população do RJ, como um ponto de basta na ideia de o traficante ser um "bandido social". Quando não-corruptos, estes agentes da lei – por vezes seguidores da *Arete* guerreira, na medida em que vertem o preceito da honra pelo que Max Weber[40] chamou de ética da responsabilidade – testemunham e ao mesmo tempo denunciam este sintoma social na cultura, em que a drogadicção estaria estruturalmente articulada à desagregação das pessoas, assim como a toxicomania estaria para a perversão maníaca da sociedade, quando abordada em seus efeitos mercadológico, corruptor e criminógeno. Contudo, esse significante novo, gerado pelo *point de capiton* político, mostrou ser possível uma reunificação civilizatória em torno do combate ao duo imunidade/impunidade no Brasil. Vale dizer, tornou factível o movimento de resistência contra esse estado de delinquência generalizado, criado e ali-

---

[39] Vide a profusão de denúncias contra traficantes feitas pelos próprios moradores das favelas ocupadas. Isso sem esquecer das crianças que foram feridas ao serem usadas como escudos humanos, bem como dos membros das comunidades baleados por se recusarem a esconder e/ou cooperar com os traficantes.

[40] Se a modernidade ligou kantianamente a honra do funcionário público à ação instrumental com respeito aos fins (vide *Eichmann em Jerusalém*), Weber (1919) destacou a necessidade da reflexão sobre as consequências da adoção de certos meios, de modo a não macular a dignidade dos fins, conforme sua ética da responsabilidade.

mentado pelo próprio sistema social, como denunciou Melman (1992), a partir da leitura do sintoma social da toxicomania, enquanto efeito cínico dos discursos de *interdit*, onde se infiltra o *dit inter*[41] (gozo), da sociedade de consumo.

Oxalá, como no sonho dos autores de *Elite da tropa*[42], esse ato de acatamento da lei jurídica seja prelúdio do resgate jurisdicional da cidadania, a incluir o "inalienável caráter de expressão da Polis ática como início, ainda que tardio, de um possível e simbólico reconhecimento da verdade, sintomática e não-toda, entre os brasileiros"[43]. Ou seja, essa articulação do aparato de segurança, com cara de pacto político, acena com a possibilidade, ainda que remota, de a população se reconciliar com a legalidade das instituições brasileiras, depois do necessário atravessamento das camadas de razão cínica, corrupção e humanitarismo urdidos pela fantasia social e/ou ideológica. O que não significa que o sistema internacional do tráfico, bem como a drogadicção esteja(m) com os dias contados. Sabe-se que, quando os "modelos" de extração do mais-gozar caducam nas áreas centrais, eles são sempre exportados para as periferias, vide a transferência do narcoterrorismo para as regiões norte e nordeste do Brasil. Por outro lado, os grandes produtores, atravessadores e traficantes nunca residiram nas favelas do Rio de Janeiro. Além do mais, os fluxos anômalos de capital oriundos do tráfico mundial de drogas, de armas e de pessoas não con-

---

41 É bem conhecido o jogo de palavras que Lacan empreitou, a partir de "Subversão do sujeito e a dialética do desejo" (1960), entre *interdit* (interdito) e *dit inter*, pois se o gozo é interditado (*interdit*) ao falante, ele irrompe nas falhas do discurso como *dit inter*, como aquilo que é subentendido, se infiltra, dito nas entrelinhas do discurso, que é o discurso dominante de uma sociedade. Por isso, n' "O aturdito", Lacan (1973, p. 448) se referiu ao gozo "que fica esquecido por trás do que se diz no que se ouve". Isso para nos indicar, um ano depois, que a cadeia discursiva em que se inscreve o sintoma (social) seria feita de "sentido gozado" (*sens joui*), conforme "Televisão". Em outras palavras, a *jouissance*, que vaza pelas brechas do discurso social, goza o sentido instituído. Ou melhor, no nível da impostura social desse nosso "mundo sem limites", testemunhamos o retorno do gozo "como tal na falha de um saber", conforme Lacan (1966). Raciocínio que autorizou C. Melman (1992) a dizer que a toxicomania é a verdade (paradoxal) de nossa sociedade de consumo, assim como a verdade (estrutural) do drogadito seria o gozo com a Morte.

42 Cf. prefácio de L. E. Soares; R. Pimentel; A. Batista, 2006.

43 A. S. Mendonça, 1994, p. 91.

correram para salvaguardar[44] o sistema financeiro e interbancário da crise global deflagrada em 2008? Como lembrou Zizek, o "espírito capitalista" só pode "sobreviver revolucionando constantemente suas próprias condições, ou seja, [...] só pode sobreviver como o seu próprio excesso [gozozo], excedendo constantemente suas próprias restrições 'normais'"[45].

Muito possivelmente o "estilo terrorista" das falanges que promovem a guerrilha urbana, que até então dava suporte à comercialização da droga, é que vem se mostrando "politicamente incorreto", dispendioso e pouco eficiente, devido às interrupções causadas pelos atuais cercos policiais. Quanto à drogadicção, sempre haverá demanda por discursos que prometam suturar o mal-estar civilizatório através de paraísos artificiais, vide o permanente advento de novas gerações do que se supõe o *panakeiai* supremo (de ocasião), no âmbito da sucedâneo-mania, visto que o homem é a única espécie com propensão psíquica a um envenenamento lento e mortal, devido ao seu apego ancestral à Coisa (ilusão de Bem-Supremo), ainda que para sempre perdida no Desejo humano.

Assim, o que os acólitos do antigovernar não auscultaram foram as transformações pelas quais passou o modo de ser do crime organizado em sociedade – bem como a sua insólita copulação com o que Lacan conceituou como sendo o Discurso do Capitalista (conforme sessão de 3 de fevereiro de 1972 do inédito: *Ou pire*). No início dos anos 70, o discurso do capitalista foi surpreendido (matemicamente) por Lacan a partir da inversão da primeira fração do discurso do mestre ($S^1/\not{S}$ por $\not{S}/S^1$), onde o \$ujeito, antes índice de autoria, se torna um mestre de cerimônias[46], mero apresentador do tipo midiático, ao passo que a verdade sintomática portada pelo S_1 é abduzida e reduzida a um significante contábil. Essa inversão aposta na foraclusão do limite simbólico que atestava haver um saber impossível sobre o gozo: a Castração, fazendo com que todos os gozos, todas as éticas, todas as autorias sejam abduzidas pela lógica da acumulação. Neste sen-

---

[44] Confrontar a menção de Wálter Fanganiello Maierovitch à declaração de Antonio Costa (czar antidrogas da ONU), disponível em: <http://jornal.ofluminense.com.br/editorias/cultura-e-lazer/plantao/ramificacoes-da-maf...>. Acesso em: 29 nov. 2010.

[45] S. Zizek, 2008, p. 392.

[46] No sentido dos setecentos, que a pós-modernidade, anulando Hegel, quer impor, via Kant e Pascal, a Vatel.

tido, a toxicomania é, quando em seu caráter lícito, efeito do discurso da ciência submetido à lógica do discurso do capitalista, por exemplo via "remedicalização" da drogadicção e do mal-estar civilizatório em geral (vide a política da redução de danos). Já a drogadicção é um sintoma atrelado à estrutura psíquica como efeito da falência do sintoma familiar. Assim, a toxicomania se aproveita da possível questão estrutural para fazer da drogadicção uma base para a acumulação. Com efeito, o discurso dos anos 60 e 70, de tipo *outsider* (simulacro de celibatário), fundiu a suposição de bela alma, ou de crítica radical ao sistema, como a requisição sadiana de equivaler o princípio do prazer à realidade social, ainda que disfarçado pelo semblante crítico. Em outras palavras, a conjuntura libertária de 68, ao associar o consumo de drogas com o poder jovem, seja no sentido de "arma política", seja como ascese mística, alinhou o fantasma da liberdade sem limites aos ditames da sociedade de consumo. Malgrado ter cumprido sua função utópica, a pretendida revolução anti-institucional não atravessou as camadas de ilusão da fantasia ideológica (egoica), muito menos consagrou socialmente o ciceroniano ideal do bem comum, apenas desqualificou a mestria, questionou a autoridade simbólica e conspirou para aplainar as diferenças geracional e sexual, colaborando para que os gozos extraviados não só rechacem o desejo mas sejam capitalizados por um mercado de gozo. E tudo isso foi feito à custa da morte da Vergonha e do banimento da honra heroica enquanto índice da vigência da singularidade do S_1, cuja metáfora foi Vatel, conforme *O avesso da psicanálise*.

Como se tudo isso não bastasse, os semblantes do humanitarismo de encomenda, subprodutos da falência do livre-arbítrio kantiano, ao militarem pela legalização das substâncias psicoativas, não se dão conta de que elas induzem a dita baixa pressão (*Unterdrückung* tóxica), já teorizada por Freud (1905) no mecanismo econômico do chiste e caracterizada por Lacan (1962), como a "saída por baixo" da censura. Essa espécie de "repressão" da inibição seria capaz de suprimir o juízo crítico – como nos alertou Hanna Arendt[47] a propósito do arrebatamento de Adolf Eichmann pelo consumo idólatra do ideal de pureza racial – assim como pode suspender a própria Castração e/ou toda e qualquer solução, ou opção sublimatória. Já

---

[47] H. Arendt, 1999.

na psicose, ocorre a neutralização dos arremedos de "consciência moral" (natural), isto é, ocorre a liberação das presilhas imaginárias que ainda limitavam a agressividade hetero-dirigida[48]. Então, por não se referencializar no amor narcísico pela própria imagem, nem pelo reconhecimento da Lei-do-Pai, muito menos no acatamento da Castração, resta ao excluído psíquico a "identificação imaginária às vantagens sociais, à abolição da lei e da ética, que nos fazem conviver no cotidiano com a fantasia perversa e com o racismo"[49]. Esse racismo mental pode assumir uma aparente conotação mercadológica, como a que alimenta a brutalidade das facções que se autoatribuem a prerrogativa de controle do crime em um território, por exemplo, conforme o discurso fílmico de *Gangs of New York* (Scorcese, 2002), via direito natural de ramos "nativos", sobre os estrangeiros (os *dead rabbits*), de modo a realizar o triunfo (perverso-paranoico) do duo preconceito-exclusão.

Nestes termos, se o preconceito, enquanto um conhecimento de matriz paranoica, se configura como álibi retórico da exclusão, esta, por sua vez, poderá modalizar-se em: *a)* exclusão social, que é intersubjetiva e pode emanar tanto do narcisismo das pequenas diferenças, no âmbito neurótico da confusão entre diferença imaginária e estranhamento, quanto no âmbito da recusa ao registro imagético de outrem, conforme a intolerância psicótica que se realiza no assassínio fundamentalista; e *b)* exclusão psíquica, enquanto foraclusão da subjetividade simbólica, caracterizada inicialmente de acordo com a tese de Lacan (1932) que versou sobre o efeito auto-hostil da autoexclusão psíquica a partir da análise do delírio bovárico de Marguerite Anzieu, que se dizia excluída – em *Verworfen* – do lugar de mulher e de mãe, bem como do lugar de "mulher célebre" pela suposta ação de terceiros (respectivamente, sua irmã, sua melhor amiga e a atriz Huguette ex-Duflos).

---

[48] Em termos simplificados, as substâncias psicoativas que agem como estimulantes do SNC podem suspender o controle de impulso, variando entre a mera exposição maníaca do sujeito alcoolizado até o surto homicida-suicida, induzido pelo uso sistemático de antidepressivos, como no caso de Harris & Klebold (Columbine), ou Cho Seung-hui (Virginia Tech), sem esquecer do efeitos da cocaína e derivados, como no caso de Mateus da Costa Meira, o atirador do Morumbi Shopping/SP.

[49] A. S. Mendonça, 1994, p. 90.

Então, se a psicose é, de acordo com a psicanálise, efeito da transmissão perversificada do sintoma familiar, sendo aguçada, afetada e promovida por situações de desagregação social, também o drogadito, ao se engajar em situações de conflito com a lei, provoca, como rebote social, reações de natureza segregacionista, que fazem incidir sobre a sua figura o binômio preconceito/exclusão. Até porque a rede do crime organizado vai produzindo socialmente o efeito da decadência de todo e qualquer fundamento ético, que em psicanálise é referente à Lei-do-Pai, ao impor seu poder sobre as diversas estruturas sociais, no sentido de realizar o triunfo discursivo e fenomenológico da Psicose e da Perversão em liame social. O que nos possibilita formular uma:

5ª questão: a correlação entre o binômio Kant com Sade e o duo drogadicção/toxicomania

No opúsculo "Kant com Sade", Lacan (1962) diz textualmente que o discurso de Sade é o avesso complementar do discurso de Kant. Por sua vez, o discurso da *Razão prática* seria uma moral animada pelo reino da Coisa-em-si. Aplicando este mesmo raciocínio à referida questão sintomática, poderíamos dizer que, do lado do drogadito, não foi negada a suposição foraclusiva de um sujeito do prazer, que imaginariza a "mãe-droga" como um Bem Supremo, álibi delirante de seu encontro progressivo com a morte. Já no nível da toxicomania, o narcotráfico, enquanto avesso perverso deste sujeito do prazer, se vale do apego ilusório à Coisa dos consumidores do mundo inteiro para fazer disso um negócio, disseminando seus efeitos desagregadores em sociedade.

Em outras palavras, conforme aula gravada no ano de 1987, no Instituto Jacques Lacan do Colégio Freudiano do Rio de Janeiro, A. S. Mendonça[50] nos esclareceu que a moral de Kant estava para a paranoia assim como a fantasia sadiana estaria para a perversão. Ou melhor, o discurso

---

[50] Se para Hegel o termo *Unterdrück* é colocado no mesmo campo semântico de superação, etimologicamente falando *unter-drucken* significa "empurrar para baixo", daí o sentido de "passagem por baixo" do recalcado, retomado por Lacan no *Seminário 11*.

da *Crítica*, tanto pura quanto prática, é um discurso de terceiro excluído, compatível com o discurso da exclusão psicótica, assim como o discurso da *Filosofia na alcova* seria um discurso que torna obrigatório o elemento fálico excluído pela moral de Kant, nos autorizando a supor que a drogadicção envolve uma questão clínica, de rompimento com a lógica fálica, como disse Lacan (1975) ao se referir ao conceito de droga, ao passo que na toxicomania predomina uma questão de mentalidade social, pois ela faz desse gozo com a morte um negócio perverso. Reciprocamente, o sistema do narcotráfico precisa dos usuários, "humanitários" ou não, que o remunerem e, por efeito, cofinanciem o que se conhece por narcoterrorismo. Logo, os efeitos perversos deste sintoma social se voltam compulsoriamente não só contra os seus consumidores diretos, mas contra a sociedade em seu conjunto. Aliás, o excesso de gozo que, na história anterior, era moral e legalmente reprimido foi elevado, no capitalismo de versão pós-moderna, a verdadeiro princípio biopolítico da vida social, acima de todo e qualquer fundamento ético, ainda que, por vezes, extraído através da impostura de artifícios financeiros, políticos e policiais.

Esta dupla ameaça, ao consumidor e à sociedade, atesta a qualificação deste procedimento no âmbito do que Lacan denominou de sujeito do prazer, ou seja, no campo clínico do sujeito sem-nome, dito sujeito do delírio, S(A)/*a*, mas com evidentes consequências no âmbito do perverso sujeito patológico, onde vigora o desejo anônimo, com seus efeitos de degradação perversa existentes no nível extensivo do laço social. Ou como hipoteticamente formulado: *a configuração de uma relação entre o duo drogadicção/toxicomania e o binômio Kant/Sade, de acordo com as duas faces psíquicas, paranoica e perversa, do sujeito do prazer quando de suas expressões: patológica e delirante.* Então, a lógica disjuntiva da drogadicção faz gancho com a perversão ao ser incorporada pelo paralelismo facínora das falanges criminosas. Neste ponto, o Kant com Sade se completa por avessamento, porque, se de um lado não foi negada a suposição foraclusiva que apresenta a mãe como um signo de Virtude, retendo o sujeito na *imago* do seio despedaçado, revestida da *imago* ancestral da Coisa, enquanto fixação em um modo de gozo que o leva a sugar substâncias mortais, ou seja, que o conduzam a uma possível morte lenta, por outro lado o tráfico, enquanto uma floração sádica deste sujeito que supõe adequar prazer à realidade, se vale do gozo com a morte dos consumidores do mundo inteiro para fazer disso um negócio, disseminando seus efeitos desagregadores em sociedade.

Este sintoma social, erigido em nome de uma vida prazerosa, sob a ideologia da Felicidade vendida pelo Discurso do Capitalista como se fora um Bem Supremo, conspira para a destituição da dignidade singular do S_1, ou seja, do Significante-Mestre. Aliás, este significante, que não tem preço, passaria a ser tratado como um *Maître d'hotel* por nossa sociedade neoliberal, a juízo de J.-A. Miller (2004). Sob o álibi da "morte de Deus", o saber do canalha, em conformidade com a estética do Vencedor, irá reduzir toda honra heroica das éticas anteriores ao gozo homogeneizado do *primum vivere*, em que permanecem somente as razões da sobrevivência e/ ou as formas de ilusão.

Mais ainda, o discurso do capitalista, em copulação com o discurso da ciência, seria responsável pela conversão do objeto *a*, antes causa do Desejo, em mero insumo de consumo (*gadget*) e condensador de gozo. Desta forma, o referido discurso passaria a abduzir qualquer modo de gozo, desde o excesso obsceno do tráfico, passando pelo gozo extraviado do drogadito, até a autoria do Mestre, para realizar a fórmula do que Lacan denominou de Canalhice: tomar o discurso do Outro como seu. Enfim, ao não ceder sobre o gozo alheio, o discurso do capitalista irá apropriar-se indevidamente de todos os modos de gozo em nome da Acumulação. Essa sublevação do gozo, nos termos do axioma do canalha (anulação do desejo em função da demanda), repercutiu na tecnociência (discurso da), que coproduz, sabendo ou não, o duo drogadicção/toxicomania. Neste contexto, a droga, que passa a figurar como mais uma promessa de resposta ao ideal de felicidade e de reconhecimento pelo consumo, "define ideais de eficácia, transforma as instituições médicas, triunfa sobre a tradição e os significantes-mestres"[51].

Entretanto, se a toxicomania, bem como a drogadicção assumem tal repercussão em uma sociedade, por seu caráter sedutor, egoico e imaginário, de culto ao prazer e às personalidades atraentes, não é de se espantar que o drogadito realize esse ideal, por vezes até o gozo terminal (como se fora um

[51] É. Laurent, 2004, p. 32.

pharmakós[52]). De fato, o drogadito parece ter mimetizado a máscara mercadológica e biopolítica da felicidade (homeostática), ao mesmo tempo que seu excesso de gozo expõe o fracasso do discurso da ciência em tratar medicamentosamente um mal-estar que lhe é constituinte, desde sua origem.

Com base nos pontos de vista levantados por Lacan, em 1966, no Colégio de Medicina da charcotiana Salpêtrière, em conferência denominada "Psicanálise e medicina", isso dar-se-ia por dois motivos: 1º) o não-reconhecimento do Ics Simbólico (e Real) no discurso médico-científico, para tal organicista; 2º) a prevalência epistemológica do cartesianismo que, por subverter o lugar acéfalo do $ujeito, remete, via superação precoce do positivismo, a medicina à tecnologia e aos *gadgets* mercadológicos, tornando o tratamento cada vez mais independente da escuta e do saber singular de um médico e mais dependente de um protocolo padrão. Assim, com os "progressos da ciência", entoados pelo seu discurso, o médico vai perdendo sua posição hipocrática ancestral. Ou a psiquiatria neo-higienista não busca, permanentemente, dar legitimidade científica[53] a um "diag-

---

52 Digno de nota, a exemplo do "texto platônico", inferido por Derrida (1972), é o fato de a palavra grega para droga ser *phármakon* (remédio/veneno), enquanto *pharmakós* pode significar bode expiatório, numa clara alusão à hiperdeterminação, em nossos primórdios, dos aspectos mágico, religioso e médico. Nestes termos, se o excesso da droga irrompe enquanto uma "calamidade" atual – ainda que sustentada pelo discurso social hegemônico, conforme Melman (1992), ou como efeito cínico do discurso da ciência, conforme Santiago (2001) – nada mais "justo" que, de tempos em tempos, um representante desse modo de gozo seja sacrificado (excluído) como forma de "purificar" e "remediar" o "flagelo" da pólis. No entanto, quando essa "alteridade do mal", por vezes ligada à degradação física, social, sexual e economica do crack, se transforma em *underclass*, o Estado estabelece e a sociedade legitima uma espécie peculiar de "biopolítica". O *crackhead*, pela sua desagregação cumulativa, está a um passo de se tornar o novo *homo sacer* na acepção de Giorgio Agamben (2010), um ser *imundo* (impróprio para o sacrifício), um sem-lugar radical, porque o guarda-chuva jurídico não o criminaliza (nem poderia fazê-lo), mas é indiferente a sua eliminação sumária (extermínio) e/ou paulatina (suicídio-lento), pois o Estado, além de ser deficitário no combate ao narcotráfico, não oferece um sistema de reabilitação eficiente, sendo que a própria sociedade civil o percebe como um "intocável" dejeto social.

53 Já dizíamos que, "se a adicção, obtida de forma legal, por indicação médica, aparece como uma questão que ultrapassa os limites explícitos da drogadicção de caráter ilícito, por outro lado, ela reforça o liame social com a perversão, pela conivência/participação na fraude maníaca, que promete a felicidade pelo consumo, fato que tem como efeito

nóstico" mecânico, meramente egoico, comportamental e estigmatizante, pois imaginariamente calcado nos eixos do DSM IV[54], assim como impõe a estandarização de um "tratamento médico", padronizado de acordo com os novos lançamentos do mercado de artefatos reguladores da homeostase corporal[55], supostamente capazes de neutralizar os efeitos da dialética do Outro: a angústia, o desejo e/ou o horror à falta? Ou seja, a psiquiatria – por não se dar conta de que, quando fixado libidinalmente em um modo de gozo muito particular, o apetite do sujeito aponta para o Real-do-Gozo (Morte) – pratica a simples substituição drogatícia, dita terapêutica. Nestes termos, o novíssimo utilitarismo do discurso científico articula os *gadgets* – por reduzir os médicos (malgrado os protestos do dr. Royer[56]) a meros "distribuidores de medicamentos" – ao gozo do órgão de sujeitos que, por efeito de estrutura, tomam ilusoriamente esse mais-gozar autístico como

---

a sistemática degradação social da função paterna, também, porque o consumidor ali ocupa um lugar análogo ao do drogadito, do ponto de vista de sua aposta na 'saúde' como retorno ao princípio do prazer, complementando, assim, a lógica imediatista e perversa de todo e qualquer sistema de mercado, seja ele lícito ou não" (cf. E. Söhnle, 2004, p. 27).

54 *Diagnostic and Statistical Manual of Mental Disorders*, oriundo da tradição universitária norte-americana (*by* escola de St. Louis), cujo modelo clínico se apoia na "resposta-padrão" à administração de um *gadget* qualquer.

55 Isso ao contrário da psicanálise que primeiro irá escutar o sujeito, para só-depois diagnosticá-lo estruturalmente (sem, obviamente, revelar o diagnóstico ao analisando). Somente então ela irá adotar, no tratamento possível, a direção da cura, não só pela recomposição permanente da resistência do analista (a dita análise de resistência), mas também por visar à produção, por artifício, de uma emenda entre o sujeito e a nomeação de seu gozo particularizado.

56 O dr. Royer foi um dos interlocutores de Lacan, em 1966, na conferência realizada no Collège de Mèdecine (a convite de sua "discípula dileta": Jenny Aubry), em que o mestre de Paris foi convidado a dissertar sobre as relações entre a psicanálise e a medicina. Segundo o célebre pediatra, que nutria um especial interesse pelos processos bioquímicos do organismo, a breve exposição de Lacan que, a seu juízo, "careceu de seriedade", teria tornado o encontro um "completo fracasso", uma vez que apenas versou sobre "banalidades", sendo que ele (Royer) teria sido "vítima de uma armadilha", na esperança de colocar a reflexão psicanalítica a serviço da endogenia médica, sob a justificativa de se dar um tom "objetivo" ao estudo da doença (endógena). (cf. P. Schiller, 2009, pp. 86-93).

um "remédio" capaz de retornar à unidade "natural" pretendida: o impossível gozo do Um (platônico) no "apocalipse" pessoal chamado drogadicção.

Até porque, de forma recorrente, a cultura – desde Platão, inclusive lido por Derrida[57] (que toma como ponto de partida o diálogo do *Fedro*[58]) e, principalmente, a partir do advento tecnicista do discurso da ciência[59] – sempre priorizou a versão do significante *phármakon* (droga), por seu semblante de "remédio", em detrimento de sua faceta de "veneno" (mal), que, entretanto, nunca tardou em se presentificar, enquanto verdade (gozo), na falha deste saber. Esse tamponamento de sentido foi, temporariamente, corroborado pelo jovem médico Sigmund Freud que – inspirado por um romantismo próprio do idealismo da natureza, baseado na leitura de Goethe e no cientificismo de fundo romântico assimilado nos cursos de filosofia ministrados por Von Brentano, bem como na sua "relação paranoica" com Wilhelm Fliess, que chegou a dar um papel "pulsional" ao nariz – produziu uma série de trabalhos[60] sobre as qualidades terapêuticas da cocaína (os *Cocaine-papers*). Convicto de seus benefícios, Freud (1884/1887) passou não só a utilizar a substância, mas também a recomendar seu uso. Somente ao avançar onde a paranoia fracassou é que Freud soube fazer com seu próprio Sinthoma: a Psicanálise.

E, por falar de retorno do sentido excluído (mal), na falha do discurso científico, Éric Laurent (2004) lembra que a experiência da coca só foi "metabolizada" em seus efeitos nocivos tardiamente por Freud: "não é esta sua primeira percepção do para-além do princípio do prazer? O sujeito procura a homeostase e o bem-estar do organismo e encontra a terrível habituação, o aumento das doses, a dependência [psíquica]"[61].

Portanto, se a compreensão médica dos processos orgânicos jamais autorizou a exclusão do psiquismo como causa, a psiquiatria continua negando o fato de ser o corpo "alguma coisa que é feita para gozar, gozar de si mesma"[62], como postulou Lacan na citada conferência, proferida em

[57] Cf. J. Derrida, 2005.
[58] Cf. Platão, 2001.
[59] Cf. O. Cesarotto, 1989.
[60] É. Laurent, 2004, p. 34.
[61] É. Laurent, 2004, p. 34.
[62] Cf. J. Lacan, 1966, p. 42.

1966. E, quando Lacan nos afirma que o corpo goza, inclusive de si mesmo, sendo o gozo um excesso para além do princípio do prazer, ele se contrapõe à suposição médica de que o corpo tende à harmonia homeostática em prol da vida (situando-o mais-além do princípio da realidade). Ou seja, das obscuras entranhas do Real do corpo irrompe, imprevisivelmente, algo potencialmente mortífero, da ordem do forçamento, do dispêndio e do excesso, que se infiltra e se expande na e pela fusão entre anatomia e memória ancestral de um gozo infinito. Ou pior, o corpo vivo (fisiológico), quando foracluído do recurso da linguagem, ou seja, quando não limitado por um Outro gozo, fora do corpo, dito gozo fálico (JΦ), fica refém do efeito de empuxo desse gozo impossível, inércia de uma nostalgia organísmica, na qual o sujeito do prazer demanda fundir-se à "plenitude" da Coisa. Foi esse *instinto de morte* pré-corpo de significantes que Freud (1920) isolou e remeteu ao princípio do nirvana como um gozo impossível de suportar, na medida em que conduz o corpo à sua própria destruição.

Por isso, na década de 90, quando Alain Grosrichard[63] profere um seminário especialmente dedicado ao "Kant com Sade" de Lacan, ele diferencia egoísmo da felicidade de altruísmo do gozo, nos possibilitando cogitar algo para além do que articulou o psicanalista mineiro Jésus Santiago (2001) a respeito de "uma parceria cínica na era da ciência". Em seu *A droga do toxicômano*, o autor lembra (a partir d' *A lógica da fantasia*[64]), que o drogadito elege a droga como um mais-gozar na suposição de que tal parceria realize a ação preventiva de colocá-lo fora do alcance do discurso do Outro, num lugar de renegação da lógica fálica e/ou sublimatória (como se fora um cínico, ainda que alinhado aos imperativos publicitários do mercado, sob os auspícios do discurso da ciência). Esse modo "cínico" de gozo, conotado por Lacan (1967) como tratamento médico, seria o "remédio" que o sujeito encontrou para lidar como sua insubmissão ao fato de não haver objeto capaz de satisfazer o desejo humano. Contudo, na deriva

---

63 A. Grosrichard, 1990.

64 O que nos remete, segundo Lacan, a "um plano ascético, preservado na história por Diógenes, que assume o gesto público da masturbação como o signo dessa afirmação teórica de um hedonismo dito – pela razão mesma desse modo de satisfação – cínico e que se pode considerar como um tratamento, *Handlung*, médico do desejo" (cf. J. Lacan, 1966-1967, seção de 10 de maio de 1967).

de seu gozo com a transgressão do laço, a ruptura operada pelo drogadito pode deslocar o *outsider* do lugar de cinismo (impudente) para o lugar ocupado pelo Altruísta – inclusive no sentido que Tomás de Aquino deu ao termo misericórdia[65] – enquanto aquele que transpõe as barreiras do princípio do prazer para trilhar a santidade pela *a*bjeção e/ou comungar do gozo de Deus. Se, preliminarmente, o drogadito se coloca em uma posição análoga à do cínico, por romper com a dialética do desejo, a sua relação de "mais-além" com a droga é análoga à relação do Altruísta com o Próximo: *ele ama o próximo (ilusão de Bem Supremo) como a si mesmo*. É nesse ato de desrealização paulatina do organismo inteiro, enquanto suposição de aproximação com *das Ding* (Coisa má), que pode vir a se inscrever a "droga" para um drogadito. É por analogia ao enfrentamento da malignidade mais inominável, do horror infinito, em direção ao vazio aterrador do Ser Supremo – descrito por Lacan (1959-1960) na ascese mística do Altruísta como aquele que incorpora, literalmente "come", o dejeto do outro, isto é, do Próximo (*Nebenmensch*[66]), no sentido de gozar com esse objeto asqueroso e inumano, equivalente à Coisa – que o drogadito se lança, sob a chancela do gozo com a morte, aos excessos do apetite (pela heroína, pelo crack, pela merla, etc). Senão vejamos:

Conforme o pensamento de Lacan, no *Seminário 7*, o bem (*Wohl*) se colocaria do lado do princípio do prazer em sua suposição de utilidade e satisfação, o que nos remete ao registro do imaginário, onde se inscreve, de forma genérica, a noção de "droga", visto que a suposição de prazer é algo imaginarizável, tecnicizável e, portanto, comercializável. Assim, preliminarmente, o uso "social", "adaptativo" e "cosmético" das drogas, agu-

---

[65] Cf. a Suma Teológica, esta seria uma paixão triste que toma a miséria alheia como seu próprio mal.

[66] Lacan (1959) se refere à imanência insuportável do gozo (próximo), em outrem e em mim mesmo. A respeito desse efeito de *extimidade*, ele nos lembra da etimologia do termo "mesmo", que se origina de *metipsemus*, que faria desse "mesmo" em *mim mesmo* (*moi-même*), uma espécie de redundância. Já a transformação fonética se dá de *metipsemus* em "mesmo", como o mais "eu mesmo" de mim mesmo, isto é, aquilo que se encontra no âmago de mim mesmo e para além de mim, no âmago de alguém (próximo). Nesta perspectiva, até o ódio aos diferentes modos de gozo (estrangeiros) não vai além do ódio ao próprio modo de gozo (íntimo).

çado pelo indicativo publicitário e/ou terapêutico, teria como chamariz a promessa de juventude e bem-estar, em termos lacanianos, a homeostase psicofísica, a satisfação, suposta como bem-estar, ou a felicidade individual, nos paraísos artificiais, o que, para os caçadores de ilusão mais "espiritualizados" soou como "alargamento da consciência", nos antípodas da mente, conforme preconizou Aldous Huxley (1954). Porém trata-se "da oposição entre o que é da ordem do *bem*, do que está do lado do princípio do prazer, e aquilo que sempre comporta o *mal*, que são os excessos do gozo"[67]. Nessa dimensão última, o mal inominável não pode ser suposto nem no Simbólico, nem no Imaginário, mas sim no Real. Entretanto, esse mal radical não é compatível como o Real, enquanto Gozo-Real (Falo), mas sim de acordo com os excessos de um outro gozo, que levariam à zona desconhecida do Real-do-Gozo, que é a única coisa que o Real pode oferecer, enquanto consistência: a Morte.

Assim, buscando atualizar a reflexão sobre o valor antitético da droga (remédio/mal), enquanto suposto objeto da "verdadeira satisfação" (*Befriedigung*) para um drogadito, não partiremos do *Seminário 7*, mas do raciocínio estabelecido no *Seminário 22, RSI*. Ali, do ponto de vista do Lacan derradeiro, o Gozo ex-siste e a religião pode colocar Deus neste lugar que seria ora um ponto vazio (de acefalia), que tem como efeito a linguagem e a não-relação sexual, ora o lugar de Bem-Supremo, que a análise desvelou como sendo A Mulher. Aliás, a ex-sistência desse Deus obscuro, cujos efeitos somente são "reveláveis" no futuro (pós-morte), elucida a eterna fascinação das massas à submissão do sacrifício. Até porque, historicamente, esse Deus "não-castrado" só retornou como perversão. Isso malgrado Kant, dito por Lacan um discípulo lógico, por via moral, do verdadeiro cristão, ter enfatizado o peso da voz interior, para não deixar escapar que o objeto da lei moral insinua a malignidade do Deus Real. Aliás, o cristianismo sempre educou muito bem os homens, de modo a não perceberem este aspecto do gozo de Deus.

De qualquer forma, esse gozo que ex-siste apresenta duas ocorrências que apenas ratificam sua impossibilidade: 1ª) o Real-do-Gozo (↔ Morte, no Campo da Coisa) e 2ª) o Gozo-Real (↔ Falo, como conjunto de forças

---

[67] J. Santiago, 2001, p. 36.

que resiste à Morte). Também ali o Real é não-simbolizável senão como ausência. Esta ausência é simbolizável por metáfora. Então, o Falo, que é a parte do Real que resiste à Morte, é simbolizável por metáfora, vale dizer, é simbolizável pelo dito Nome-do-Pai, sendo imaginarizado como Pai-Ideal. Mas a suposição de existência da relação sexual, como experiência de verdadeira satisfação, já descrita no martírio extasiante das práticas medievais (acédia), leva o drogadito a cultuar a morte como aquilo que é pleiteado pelo freudiano *instinto de morte*. Ou seja, se o drogadito dá a um artefato farmacocinético o estatuto de droga, sob o álibi medicamentoso do egoísmo da felicidade, com a habituação do organismo ele pode se deparar com o limiar que o Altruísta supõe transcender: a Morte, para se igualar a Deus, ou usufruir de seu gozo inefável.

Contudo, é o Narcisismo – estrutura proveniente da identificação ao Real do Outro Real no que ela tem a ver com o amor, precondição do Nome-do-Pai –, ao incorporar a libido (substância-vida, excitação), recusando o Bem-Supremo e assassinando a Coisa, que introduz essa "libido" (já simbolizada) no circuito da pulsão para constituir a Pulsão de Morte, ou seja, a pulsão que foi constituída à custa da Morte da Coisa (impossível). Isso cria a possibilidade, pela via do simbólico e da fantasia, de se representar o circuito pulsional, realizando-o como Desejo, por exemplo conforme o caráter fantasmático do Ics pulsional, modelado oniricamente de acordo com a lógica do sonho, em Freud (1900). Ou, ainda, pela via do imaginário, pela via da ilusão de satisfação, a sociedade inventa a promessa de Felicidade que repercute no sujeito, conforme Freud (1929), enquanto a finalidade última do Princípio do Prazer. Entretanto, se Freud (1911) disse que o Princípio de Realidade (Simbólico) regulava o Princípio do Prazer (Imaginário), isto é, que aquele estava para além desse, Lacan nos disse algo diferente. Lacan nos falou do para-além do princípio de realidade[68], onde o que se encontra é o que foi ancestralmente pleiteado pelo princípio do prazer: o zero absoluto, o retorno a um estado inorgânico de ausência de toda tensão vital. Por isso é que Lacan falou, na(s) psicose(s), conforme o *Seminário 3*, de uma colagem entre Real e Imaginário (sem a mediação do

---

[68] Que é por sinal o titulo de um trabalho seu, apresentado em Marienbad-Noirmoutier, em agosto-outubro de 1936 e publicado nos Escritos em 1966.

Simbólico). Topologicamente falando, o que realmente está para além do princípio da realidade é o mesmo que fica aquém do princípio do prazer: o vazio da Coisa, o *instinto de morte* enquanto tendência ao autoaniquilamento. Ou seja, o vazio destrutivo do além do princípio da realidade é o mesmo vazio ancestral e mortal que está aquém do princípio do prazer: é um "fim" que remonta ao "começo", do qual só teríamos a Morte, como ocorrência presumida.

Então, se ex-siste algo verdadeiramente irrepresentável, como o Real-do-Gozo, é aqui que esse Vazio da Coisa se conecta n*a* droga, enquanto fantasmagorização do seio próximo e/ou da mãe ancestral e não-barrada. Mesmo porque, para Lacan (1975), fazer parceria (casamento) é simbolizar, sendo que a droga indicia essa impossibilidade de estabelecer parceria com o Falo, porque está colada no Real-do-Gozo enquanto Próximo. Esse Próximo colado na Morte, convocante dessa suposição de verdadeira satisfação, desse delírio de unidade, de prazer supremo, é que seria metonimizado pela droga, quando compatível com uma tendência psíquica à Morte, que nós denominamos de drogadicção. Essa paixão erotômana pelo uso de uma droga, conotada socialmente como "verdadeiro mal", esse enviscamento na Coisa próxima, pela anulação do Falo e de qualquer representação possível de sua ausência, aponta para o gozo derradeiro, em que o "drogado goza de sua própria morte; [e] vai, assim, ao fim do que é o gozo de seu próprio excremento"[69]. Ali, a droga seria o índice de uma fixação que, ao visar o segredo do seio materno, aposta na suposição de satisfação plena, porque esse imaginário remete não só à ausência de parceria simbólica com o gozo fálico, mas evoca toda sorte de miragens, emanadas do mito "do paraíso perdido de antes do nascimento", bem como da mais pura aspiração à Morte. Nesses termos, esse "mal"[70] social, legal e científi-

---

[69] Ch. Melman, 1992, p. 74.

[70] Quando um sujeito dá a uma substância qualquer o estatuto de droga, tal parceria desequilibra perigosamente a hipocrática equação remédio/veneno do *phármakon*, ou a dialética entre benefício e malefício, enquanto reflexo da anulação dos "numinosos" efeitos simbólicos da instância terceira, em função de um objeto suposto no Real. De forma análoga, conforme *A ética da psicanálise*, existiria uma polaridade identificatória do Bem Supremo com a Coisa má, na medida em que a própria Coisa, quando vista de uma distância apropriada, figura como Soberano Bem, podendo transformar-se em

co[71] que pode ser chamado droga(dicção) – ato de rompimento de toda e qualquer parceria simbólica e/ou imaginária com o Falo, conforme Lacan (1975) – visaria o Real-do-Gozo, enquanto evidência do freudiano *instinto de morte*, aguçado pela ilusão de satisfação e/ou unidade, fomentada pelos mesmos discursos sociais que combatem (demagogicamente) os efeitos perversos da droga. O que nos leva a formular uma:

Última questão: o fantasma do eterno retorno da segregação

Em função das considerações precedentes, procuramos sistematizar, nesta questão, a possível provocação foraclusiva da drogadicção, assim como os seus efeitos excludentes, de retroalimentação perversa, existentes no nível extensivo do laço social, vistos enquanto produtos e produtores dos processos de segregação. Ou, como cogitamos hipoteticamente, a respeito do: *contexto retroativo da Segregação que, ao hiperdeterminar exclusão social*

Mal radical quando nos aproximamos demais dela, assim como no mito de Narciso, quando este se aproxima do lago e acaba fitando a imagem da Coisa Morta (amando seu próximo). Então, do ponto de vista da moral, tudo o que divide a orientação do sujeito, como, por exemplo, as noções de bem e mal, partem da mesma Coisa. Inclusive, como nos diz Lacan, "não há bom e mau objeto, há bom e mau e, em seguida, existe a Coisa. O bom e o mau entram desde logo na ordem da *Vorstellung*, estão lá como índices do que orienta a posição do sujeito, segundo o princípio do prazer, em relação ao que nunca deixará de ser apenas representação, apenas busca de um estado eleito, de um estado de anseio, de espera de quê? De algo que está sempre a uma certa distância da Coisa, ainda que seja regulado por essa Coisa, a qual está mais além" (J. Lacan, 1959-1960, p. 82). Assim, aquilo que se afasta da Coisa (*ousia* pré-socrática) configura "as forças que resistem à Morte". Por outro lado, aquilo que nos aproxima perigosamente da Coisa aponta para a própria Morte, visto que a Coisa em si ex-siste, sendo, portanto, impossível (equivalente ao Nada absoluto).

71 Por razões mercadológicas, incorporando ao lugar do cientista o cinismo do Canalha, coube ao discurso da ciência a coprodução da toxicomania, isso do ponto de vista das "drogas legais", sendo que, pela ótica da indústria da cultura, a droga, num sentido mais amplo, é tratada, inclusive, enquanto "entretenimento", por meio do que Lacan denominou de *gadget*, como um possível mais-gozar. Assim, mesmo impregnando toda existência humana, essas engenhocas não deixam de explicitar seu caráter de "lixo tecnológico" e "dejeto cultural".

e (auto-)exclusão psíquica, leva o drogadito não só a transmitir a segregação, inclusive geracionalmente, mas também, por causa da ancestralidade, a tomá-la como fato originário.

Aliás, na segunda metade dos anos 50, não foram poucas as referências de Lacan ao retorno violento, na realidade social, de um núcleo traumático inassimilável (ex-cêntrico, porque Real), que não teria passado pela simbolização primordial. Somente quando este Vazio destrutivo da Coisa, qualificado a partir do *Seminário 7* como Nada absoluto, é esquecido (Recalcado), simbolizado na e pela insistência da articulação significante, que nasce o Sujeito do Ics. Ou, nos termos do "Discurso de Roma", o passado só passa a existir, enquanto história, quando o sujeito reconstrói, por simbolização, a experiência de sua protocena infantil. Logo, a repetição, com vistas à elaboração da história do sujeito, implica uma mortificação importante da hostilidade gerada pela suposição de existência de *das Ding*, situando o sujeito no campo Ics do discurso do Outro: "nesse sentido, se a repetição é memória, o sujeito é esquecimento; e Lacan dá como possibilidade essencial do sujeito o fato de que 'ele pode esquecer'"[72].

Já no discurso da paranoia, esse núcleo traumático não pode ser esquecido (simbolizado), fazendo com que o sujeito herde apenas a agressividade portada pela Coisa, que retorna enquanto obrigação de gozo do Outro. Assim, o significante que foi *Verworfen*, isto é, traumaticamente projetado em trevas exteriores, não é capaz de limitar a expansão, em ato delirante, de um gozo auto e hetero-hostil, que condena o sujeito à remissão permanente de seu fato originário: a Segregação. Portanto, resta-nos reconhecer a validade da profecia lacaniana de 1973 sobre a escalada do racismo mental, ao pôr em evidência o desgarramento de nosso modo gozo contemporâneo, devido à dificuldade da cultura ocidental em situá-lo a partir do Outro (simbólico), enquanto representante da Lei-do-Pai, a ser enunciada por um porta-voz Simbólico, qual o freudiano Moisés hebreu, como: "Não matarás!". Por isso, no final dos anos 60, ao falar extensiva-

---

[72] J. A. Miller, 2005, p. 180. Obs.: já influenciado pelo campo do gozo (conforme o *Seminário 17*), Lacan passa a ver a repetição, como memória, repercutir não somente o sacrifício de gozo, em função do assassínio do objeto, mas também ser motivada por um resto de gozo, que subsiste à perda desse objeto impossível.

mente dos efeitos homogeneizantes do discurso da ciência sobre a estrutura, em princípio, assimétrica da metáfora paterna, Lacan (1967) incluiu as psicoses infantis na ordem dos processos de segregação, para sublinhar como a sobredeterminação entre exclusão social e exclusão psíquica leva a civilização a propagar social e geracionalmente a Segregação:

> o fator de que se trata é o problema mais intenso de nossa época, na medida em que ela foi a primeira a sentir o novo questionamento de todas as estruturas sociais pelo progresso da ciência [...] até onde se estende o nosso universo, teremos que lidar, e sempre de maneira mais premente, com a segregação. Os homens estão enveredando por uma época que chamamos planetária, na qual se informarão por algo que surge da destruição de uma antiga ordem social, que eu simbolizaria pelo Império [...] para ser substituída por algo bem diverso [...] – os imperialismos [lugar atualmente ocupado pelos oligopólios transnacionais, lastreados pela hegemonia belicista das ditas potências mundiais] cuja questão é a seguinte: como fazer para que as massas humanas fadadas ao mesmo espaço, não apenas geográfico, mas também, ocasionalmente familiar, se mantenham separadas?[73].

Isto implica admitir a vigência de uma suposição que articula conceitualmente, em espiral dialética, as categorias de Foraclusão do Nome-do-Pai, auto e hetero Exclusão (através da agressividade egoica) e Segregação. Explicando melhor: a Foraclusão (*Verwerfung* ↔ exclusão psíquica) diz respeito a um procedimento *intrapsíquico*, que caracteriza o mecanismo fundamental que Lacan (1955-1956) supôs na base d' *As psicoses*, como o procedimento que faz voltar no lado de fora o significante que foi excluído (*Verworfen*) da simbolização primordial (*Bejahung*). Na psicose, o que cai sob o golpe da *Verwerfung* seria a própria referência ao caráter simbólico da linguagem, voltando, no Real, como significação inacabada, como dialeto de "salsicheiro", no sentido de embutido do significante. Assim, no lugar da linguagem como pré-condição do Ics, que tende à Castração via Recalque, entra o delírio, expresso na língua fundamental (*Grundsprache*) do Presidente Schreber. Conforme o Lacan do *Seminário*

---

[73] J. Lacan, 1968, pp. 360-361.

3, esta língua se constitui de palavras-chave, que orbitam em torno de uma palavra-plena, enquanto Verdade integral, suposição de haver Outro do Outro, isto é, suposição de um saber real sobre o gozo do Outro, fonte do fundamentalismo psicótico. Em outras palavras, esta palavra-plena, ainda que misteriosa e enigmática, seria a fonte da obrigação homossexual de igualdade, que gera historicamente, via fraternidade perversa, a intolerância e a exclusão da diferença.

Já em 1958, a *Verwerfung*, que foi vertida como Foraclusão, por M. D. Magno[74], no caso, do significante do Nome-do-Pai, respondendo "no Outro [a] um puro e simples furo, o qual, pela carência do efeito metafórico, provocará um furo correspondente no lugar da significação fálica"[75]. Então, o excluído psíquico seria um sujeito fora do discurso do Outro, conforme "O aturdito", o que remonta ao sentido que o próprio Lacan emprestou, em 1932, à expressão "exclusão da inclusão". Na psicose, a evidência de foraclusão do Nome-do-Pai poderá se articular à suposição de existência d' A Mulher (como expressão do Outro não-castrado), na medida em que só a inclusão na ordem simbólica da linguagem, via Castração, torna essa suposição impossível. Além disso, a construção d' A Mulher, além de não permitir que o excluído psíquico lance mão do NP simbólico para suturar a sua fenda imaginária, pressupõe a proximidade do real-do-gozo, que vai desestabilizando a "consistência social" da metáfora delirante, enquanto ilusão de harmonia entre corpo (I), ser (R) e "linguagem" (S).

Porém, nos anos 70, um ano depois do *RSI*, no *Seminário 23*, Lacan (1975) aborda a função do Nome-do-Pai não mais conforme a Metáfora Paterna, mas a partir da perspectiva borromeana, pela via nomeadora do sintoma (Σ), por diferenciá-lo da Psicose paranoica, onde o NP está foracluído. Aliás, em 1974 Lacan já dizia ser pelo complexo de Édipo freudiano, "seu Nome-do-Pai, idêntico ao que ele chama de realidade psíquica, e que não é senão a realidade religiosa [Deus-Pai como nomeador], por essa

---

74 A versão conceitual, em português, do termo *Forclusion* foi proposta por M. D. Magno, cf. sua dissertação de mestrado intitulada: *Senso e contra censo da obra-de-arte*, defendida junto à Escola de Comunicação da UFRJ e publicada pela Ed. Tempo Brasileiro, em 1976.

75 J. Lacan, 1959, p. 564.

função de sonho que Freud instaura o laço do simbólico, do imaginário e do real"[76]. Esse laço simbólico, o Nome-do-Pai, é o 4º elo que Lacan chamou de Σ (sigma), por atribuir-lhe a função ortodoxa de enodar, por diferenciação, os três anéis. Ou seja, o NP constitui o nó borromeano que mantém enodados *RSI*. Então, ao invés da paranoica "solução de continuidade" entre I, S e R, própria do nó de trevo, Lacan vai bem-dizer a subjetivação introduzida pela categoria de sintoma, na medida de sua ligação ao Ics, ao indicar que este, por ser neurótico, entrelaça do ponto de vista da diferença nomeadora o Real ao gozo, o Simbólico ao Ics e o Imaginário à realidade consistente. Paralelamente a isso, Lacan vai reconceituar não só a paranoia, mas também a sua relação com a personalidade, porque na paranoia, do ponto de vista da *Verworfen*, o sujeito do delírio enoda a três, sem diferença, como uma única e mesma consistência, os registros do Imaginário, do Simbólico e do Real:

> Houve uma época, antes de eu enveredar pela análise, em que eu avançava por um caminho determinado, o da minha tese *Da psicose paranoica em suas relações*, eu dizia, *com a personalidade*. Se por muito tempo resisti que ela fosse novamente publicada foi simplesmente porque a psicose paranoica e a personalidade não têm, como tais, relações, pela simples razão de que são a mesma coisa. Na medida em que um sujeito enoda a três o imaginário, o simbólico e o real, ele é suportado apenas pela continuidade deles. O imaginário, o simbólico e o real são uma única e a mesma consistência, e é nisso que consiste a psicose paranoica[77].

Como podemos ver, a partir das últimas duas sentenças da citação, ao dar sequência ao raciocínio encetado no seu *RSI*, de um Real que ex-siste no Vazio, de um Simbólico que insiste em fazer furo e de um Imaginário que consiste na realidade, em função de um 4º elo – um sintoma fálico (Σ), dito "efeito do simbólico no real"[78], que permite enodar por diferenciação esses três registros – Lacan fala de I, S e R para sublinhar a indiferenciação

---

76 J. Lacan, 1974-1975, p. 48.
77 J. Lacan, 1975-1976, p. 52.
78 J. Lacan, 1974-1975, p. 10.

dos três anéis, pelo enraizamento imaginário da Psicose, isto é, pela consistência delirante do visco imaginário, que seria a forma como a psicose paranoica se manifesta. Na drogadicção o enviscamento imaginário na droga (como objeto mais-gozar) promove o "congelamento do desejo"[79] num gozo ancestral (impossível), que se traduz pela fixação na *imago* do seio e/ou no significante d' A Mulher, de não modo a não permitir o deslizamento metonímico do objeto *a*, enquanto causa do desejo, a não ser rumo ao Real-do-Gozo (Morte).

Porém, muito antes disso, Lacan (1946, 1948-1949) já teria articulado esse efeito auto-hostil da agressão suicida (presente na drogadicção) à obrigação homeomórfica de igualdade, enquanto núcleo homossexual egoico-agressivo da psicose paranoica, conforme "O estádio do espelho", "Formulações sobre a causalidade psíquica" e, principalmente, "A agressividade em psicanálise". Essa estrutura paranoica do ego, ao estabelecer uma tensa relação com a realidade, visto que é tributária do espinosiano paralelismo disjuntivo (lógica própria do delírio), faz com que o paranoico projete a sua agressividade também em direção a outrem, sofrendo por isso o rebote social chamado de Exclusão. Ou melhor, de um lado teremos um sujeito apto e aberto à convocação da agressividade auto e hetero-dirigidas; de outro, um ambiente estruturalmente hostil, dotado de uma agressividade não só inerente à Cultura (competição social, narcisismo das pequenas diferenças, idolatria, etc.), mas também própria de sua degradação, onde não haveria mais lugar para os preceitos áticos de honra e vergonha. Como se vê, a exclusão é um termo que pressupõe a *intersubjetividade*, no âmbito imaginário das identificações, que confronta a identificação homeomórfica como o Outro não-barrado, próprio da Psicose, com as identificações imaginárias, erigidas sob os emblemas da agressividade social. Mesmo porque nosso imaginário social, fixado em sentido, por si só se configura em terreno fértil ao culto do preconceito, bem como à atualização dos fenômenos egoico-agressivos já descritos por Lacan na década de 40. Assim, neste momento conceitual (anos 40), se o Ics começava a ser visto como intrassubjetivo, todo fenômeno egoico, incluindo a exclusão social, era *intersubjetivo.*

---

79 Ibid., p. 87.

A Segregação, por seu turno, liga o preconceito (fruto do egoico e, por vezes, delirante imaginário social) ao ato de exclusão propriamente dito. Este ato perverso de exclusão, por sua vez, poderá ter dois matizes: 1º) a exclusão social, que pode ser tanto da ordem do horror conformista (equivalente ao freudiano narcisismo das pequenas diferenças), no nível neurótico de uma cultura do *bunker*, quanto da ordem da intolerância extrema em relação ao registro imagético de outrem, equivalente extensivo do que Lacan conceituou como intrusão psicótica, em que grupos e/ou massas dirigem seu ódio contra aquele(s) que supostamente os teria(m) privado do espaço de gozo; e 2º) a autoexclusão psíquica, procedimento inicialmente caracterizado como a "exclusão da inclusão", conforme sua tese de 1932 – *Da psicose paranoica em suas relações com a personalidade* –, em que Lacan identificou o efeito auto-hostil da exclusão psíquica a partir da análise do delírio de autopunição de *Aimée*. Então, como já dissemos, se a Segregação pode incluir, do ponto de vista do imaginário sociocultural, o preconceito, por outro lado, do ponto de vista psíquico, a segregação implicará, quando em ato, na exclusão. Assim, quando a cumulativa marginalização do drogadito, emanada de sua autoexclusão psíquica, é abduzida pela lógica perversa da criminalidade, a resposta da sociedade se torna cada vez mais segregativa, no sentido de fazer incidir sobre tal figura o duo preconceito/exclusão. Isso porque a droga não ameaça apenas a vida do consumidor mas, por apresentar uma expansão ligada ao crime organizado, passou a ameaçar a manutenção da vida em sociedade.

Retroativamente falando, tais procedimentos encontram origem na Segregação, tanto em sua dimensão social como em seu aspecto psíquico de exclusão do sintoma parental. E não somente porque o drogadito volta sua agressividade contra o semelhante, mas porque ele transmite às futuras gerações a sua própria exclusão, hoje midiaticamente ilustrada pela expressão: filhos do crack. Segregação que a saga dita civilizatória insiste em retornar, por exemplo, no destino dos filhos das Grandes Guerras, que produziu um enorme contingente de não-nomeados e/ou herdeiros de um desejo anônimo, transmissores de um legado de exclusão que foi melancolicamente difundido nas gerações subsequentes. Não foi à-toa que Jean-Paul Sartre chamou a geração *Beat*, dos 50 do século passado, de *the lost generation*, remetendo-nos aos anos 30, pós-depressão, e aos anos 40 do pós-guerra, para condensar os efeitos de devastação, abandono e desepero dos filhos daquele período. Seu descendente direto, o *outsider* contracultural dos anos 60, no afã de fundir princípio do prazer e atividade crítica, abraçou o delírio místico, se autoimolando, por vezes, no transe psicodélico. Isso sem falar dos que, naquele mesmo período, se sacrificaram pela causa política e/ou simplesmente se "desperdiçaram a si mesmos", conforme descreveu J.-C. Milner (2006). Em todo caso, ao confundir Desejo com princípio do prazer, a geração *hippie* nos legou o *baby boom*, que se transformou em *no-future* da geração punk, a realizar o apocalipse pessoal nas *overdoses* de heroína. Resta ainda mencionar a geração *yuppie* que se ofereceu ao culto da sucedâneo-mania (drogas sintéticas), abrindo as portas dos templos eletrônicos para a liturgia das novas hóstias artificiais.

Portanto, a segregação, inscrita no binômio drogadicção/toxicomania, pode envolver a falência da família e a demanda paranoica como causas sociais possíveis, bem como o poder e perversão como prováveis efeitos retroativos. Em liame social, a questão da droga alude ao modo como a sociedade vem situando-se em relação às formas de sobrevivência e ilusão. Ou seja, o modo como o sistema social, por foracluir a possibilidade das identificações simbólicas, outrora alicerçadas no Grande Outro, atualiza padrões identificatórios com o pequeno outro, seja através do acolhimento de uma obrigatória estética do "vencedor", que seria a nova versão social da "lei do mais forte", sempre apta a conjugar o duo: imunidade, para com a imagem do semelhante, com impunidade, seu reflexo perverso em liame social; seja através da acumulação pelo mercado, sob os auspícios da banalização midiática de certos modos de gozo extraviados, como sugeriu Lacan em "Televisão".

Entretanto, aquilo que do Real subsiste à simbolização, enquanto um excesso de gozo, acaba retornando como empuxo À Morte no mais-gozar da drogadicção. Este gozo mórbido está intimamente associado à falência da função paterna como transmissora de uma herança subjetiva, de um referencial simbólico e amoroso capaz de oferecer a possibilidade de esse sujeito lidar com seu gozo por outras vias que não a autoexclusão da droga. O resgate extensivo desta instância terceira, dita por Lacan Pai simbólico, é que dará condições de o sujeito fazer laço com a realidade psíquica, respondendo ao enigma de seu desejo e/ou sabendo-fazer com o seu ser de sinthoma. Mas, se a sociedade não for capaz de oferecer nenhuma transcendência à sua filiação, para além da banalidade acumulacionista, iluminada pelos holofotes de uma felicidade artificial (mercadológica), não poderemos lamentar o possível triunfo da drogadicção, dentre outros sintomas sociais, sobre os escombros do projeto civilizatório.

Contudo, a análise pode oferecer a possibilidade de se estabelecer um limite simbólico e amoroso ao avanço desse gozo auto e hetero-hostil articulado ao binômio drogadicção/toxicomania. Seria pela nomeação desse gozo com a morte, vale dizer pela emenda do Real-do-Gozo a um artifício simbólico (*savoir-faire*), que o drogadito teria a possibilidade de encontrar um sentido possível para a sua vida, um saber lidar com a singularidade de seu gozo, de forma a não se obrigar a uma morte lenta e degradante, enquanto instrumento do holocausto próprio e alheio. Por isso, ampliar as chances de recuperação, pela inclusão do tratamento psicanalítico na rede de acolhimento, tanto pública, quanto privada, seria inclusive um procedimento economicamente plausível em termos sociais, pois quem tem, em princípio, a possibilidade de recompor o amor pela própria imagem, mesmo que por artifício, tem mais probabilidade de não reincidir nas drogas.

Enfim, se o prêmio Nobel de economia em 2002, Daniel Kahneman (Princeton), deu-se ao luxo de calcular o "preço da felicidade" (algo em torno de 11.000 Reais por mês), nós nos autorizamos, parodiando o cinismo publicitário de determinado cartão de crédito, a dizer que o custo econômico causado pela ausência e/ou ineficácia de dispositivos de inclusão, inclusive psicanalíticos, no dito sistema de saúde pode até ser calculado, mas o sofrimento humano, imposto pelos atuais processos de segregação, "não tem preço"...

Referências bibliográficas

AGAMBEN, G. *Homo sacer: o poder soberano e a vida nua.* 2ª ed. Belo Horizonte: Ed. UFMG, 2010.

ANDRÉ, S. *A impostura perversa.* Rio de Janeiro: Jorge Zahar Ed., 1995.

ARENDT, H. *Eichmann em Jerusalém.* São Paulo: Companhia das Letras, 1999.

CLAUSEWITZ, C. Von. *Da guerra*. São Paulo: WMF/Martins Fontes, 1996.

CASTRO ROCHA, J. C. de. Dialética da marginalidade. *Folha de São Paulo*, São Paulo, 29 fev. 2004 (Mais).

CESAROTTO, O. *Um affair freudiano*. São Paulo: Iluminuras. 1989.

DA SILVA, L. W. *400 contra 1: uma história do Comando Vermelho*. São Paulo: Vozes, 1991.

DERRIDA, J. *A farmácia de Platão*. 3ª ed. São Paulo: Iluminuras, 2005.

DUFOUR, D.-R. *A arte de reduzir as cabeças*. Rio de Janeiro: Companhia de Freud, 2005.

FREUD, S. Über coca. In: BYCK, R. (org.). *Freud e a cocaína*. Rio de Janeiro: Espaço e Tempo, 1989.

GROSRICHARD, A. *Uma leitura do texto: Kant com Sade*. São Paulo: Biblioteca Freudiana Brasileira, 1990 (cópia original).

LACAN, J. (1938). Os complexos familiares. *Outros escritos*. Rio de Janeiro: Jorge Zahar Ed., 2003.

________. (1948). A agressividade em psicanálise. *Escritos*. Rio de Janeiro: Jorge Zahar Ed. 1998.

________. (1949). O estádio do espelho como formador da função do eu. *Escritos*. Rio de Janeiro: Jorge Zahar Ed. 1998.

________. (1950 [1946]). Formulações sobre a causalidade psíquica. *Escritos*. Rio de Janeiro: Jorge Zahar Ed., 1998.

________. (1951 [1950]). Introdução teórica às funções da psicanálise em criminologia. *Escritos*. Rio de Janeiro: Jorge Zahar Ed., 1998.

________. (1951). Premissas a todo desenvolvimento possível da criminologia. *Outros escritos*. Rio de Janeiro: Jorge Zahar Ed., 2003.

________. (1959). De uma questão preliminar a todo tratamento possível da psicose. *Escritos*. Rio de Janeiro: Jorge Zahar Ed., 1998.

________. (1959-1960). *O Seminário, Livro 7, A ética da psicanálise*. Rio de Janeiro: Jorge Zahar Ed., 1997.

________. (1960). Subversão do sujeito e a dialética do desejo no inconsciente freudiano. *Escritos*. Rio de Janeiro: Jorge Zahar Ed., 1998.

________. (1964). *O Seminário, Livro 11, Os quatro conceitos fundamentais*. 2ª ed. Rio de Janeiro: Jorge Zahar Ed., 1998.

________. (1966 [1960]). Posição do inconsciente. *Escritos*. Rio de Janeiro: Jorge Zahar Ed., 1998.

________. (1966). Psicanálise e medicina. *Lettres de l'Ecole Freudienne de Paris*, fev/mar, 1967.

________. (1966-1967). *O Seminário, Livro 14, A lógica da fantasia* (não-publicado).

________. (1967). Proposição de 9 de outubro de 1967. *Outros escritos*. Rio de Janeiro: Jorge Zahar Editor, 2003.

________. (1968). Alocução sobre as psicoses da criança. *Outros escritos*. Rio de Janeiro: Jorge Zahar Editor, 2003.

________. (1969). Nota sobre a criança. *Outros escritos*. Rio de Janeiro: Jorge Zahar Editor, 2003.

________. (1969-1970). *O Seminário, Livro 17, O avesso da psicanálise*. Rio de Janeiro: Jorge Zahar Ed., 1992.

________. (1972). Discours du capitaliste. Discours de J. Lacan à Université de Milan le 12 de maio de 1972, paru dans l'ouvrage bilingue *Lacan in Itália* (1953-1972), 1978.

________. (1973). O aturdito. *Outros escritos*. Rio de Janeiro: Jorge Zahar Editor, 2003.

________. (1974). Televisão. *Outros escritos*. Rio de Janeiro: Jorge Zahar Editor, 2003.

________. (1974-1975). *O Seminário, Livro 22, RSI*. Rio de Janeiro: Escola Lacaniana de Psicanálise, 1991.

________. Clôture aux Journées d'Estudes des Cartels. *Lettre de L'Ecole Freudienne de Paris*, nº 18 (Dias de cartéis). Paris, abr. 1975.

________. (1975-1976). *O Seminário, Livro 23, O sinthoma*. Rio de Janeiro: Jorge Zahar Ed., 2007.

LAURENT, É. Como engolir a pílula? MILLER, J.-A. (org.). *Ornicar?*, nº 1. Rio de Janeiro: Jorge Zahar Ed., 2004.

LEBRUN, J.-P. *Um mundo sem limite*. Rio de Janeiro: Companhia de Freud, 2004.

LESSING, B. As facções cariocas em perspectiva comparativa. *Novos estudos* – CEBRAP, nº 80, São Paulo, mar. 2008. Disponível em: <www.scielo.br/scielo.php?script=sci_arttext&pid=s0101-33002008000100004#nt29>. Acesso em: 20 set. 2010.

MAGNO, M. D. *Senso e contra censo da obra-de-arte*. Rio de Janeiro: Ed. Tempo Brasileiro, 1976.

MELMAN, C. *Alcoolismo, delinquência, toxicomania*. São Paulo: Escuta, 1992.

MENDONÇA, A. S. *O ensino de Lacan*. Rio de Janeiro: Gryphus/Forense, 1993.

________. *O ensino de Lacan II*. Rio de Janeiro: Gryphus/Forense, 1994.

________. O real, a Coisa e o sexo. *O Correio*, ano II, nº LIX, semanário de 25 de julho a 7 de agosto, 1998.

________. *A psicanálise, a mídia e o consumo*. Porto Alegre: Edições do CEL, 2003.

MILLER, J.-A. (org.). Sobre a honra e a vergonha. *Ornicar?*, nº 1. Rio de Janeiro: Jorge Zahar Ed., 2004.

________. *Silet*. Rio de Janeiro: Jorge Zahar Ed., 2005.

MILNER, J.-C. *Os nomes indistintos*. Rio de Janeiro: Companhia de Freud, 2006.

PLATÃO. *Fedro*. São Paulo: Martin Claret, 2001.

QUINET, A. *Psicose e laço social*. Rio de Janeiro: Jorge Zahar Ed., 2006.

ROUANET, S. P. *Os dez amigos de Freud*. São Paulo: Companhia das Letras, 2003.

SANTIAGO, J. *A droga do toxicômano: uma parceria cínica na era da ciência*. Rio de Janeiro: Jorge Zahar Ed., 2001.

SCHILLER, P. Organismo, corpo e linguagem. *Coleção memória da psicanálise*: Lacan, São Paulo, nº 7, 86-93, 2009.

SOARES, L. E; PIMENTEL, R.; BATISTA, A. *Elite da tropa*. Rio de Janeiro: Objetiva, 2006.

SÖHNLE, E. *Dos processos de exclusão familiar e social: a drogadicção*. 2004. 356 f. Dissertação (Programa de Pós-Graduação em Desenvolvimento Regional – Mestrado e Doutorado) – Universidade de Santa Cruz do Sul, Sta. Cruz do Sul, 2004.

________. *Foraclusão, exclusão e segregação: da drogadicção em suas relações com a família e com a sociedade*. 2010. 604 f. Tese (Programa de Pós-Graduação em Educação, com Ênfase Temática em Cultura, Psicanálise e Educação – Mestrado e Doutorado) – Universidade Federal do Rio Grande do Sul, Porto Alegre, 2010.

WEBER, M. *Ciência e política: duas vocações*. São Paulo: Martin Claret, 2006.

ZIZEK, S. *Eles não sabem o que fazem*. Rio de Janeiro: Jorge Zahar Ed., 1992.

________. A *visão em paralaxe*. São Paulo: Boitempo, 2008.

Capítulo 6

O discurso melancólico: da tragédia à psicanálise

*Prof. Dr. Ld. Antônio Sérgio Mendonça**

A Leodegário,
o mestre camoniano que se foi.

Eros e Psichê

E, se bem que seja obscuro
Tudo pela estrada afora
E falso, ele vem seguro,
E, vencendo estrada e muro,
Chega onde em sono ele mora

E, inda tonto do que houvera,
À cabeça, em maresia,
Ergue a mão, e encontra hera,
E vê que ele mesmo era
A Princesa que dormia.
(Fernando Pessoa, *In Revista Presença*,
41/42, maio de 1934)

* Diretor de Ensino do Centro de Estudos Lacaneanos – RS.

I – Erótica e/ou erotismo (?): um discurso possível

O Ocidente, após o século V, quando termina, de fato, a vigência da "Paideia", assiste serem postas em cena as bases de uma futura, e ao mesmo tempo fálica e sublimatória, cultura Classicista. Sabe-se que a mesma se engendrou no medievo, como nos ensinou Koyré, e se consolidou no binômio Classicismo (Lotman e Panofsky) / Maneirismo (Weise e Houser) no século XVI. Ali, naquele momento e lugar, de saída, aboliu-se, de uma vez por todas, o resquício da tradição épica, ou seja: Eros não mais se fundiu a Ágape. Uma vez tendo assimilado Ágape, Eros passou a ter como contraponto a Psiquê; e a relação entre ambos é magnificamente demonstrada no célebre poema de Fernando Pessoa. Todavia, como efeito desta fusão e contraforma, criou-se na mentalidade Ocidental, indo, inclusive, projetar-se na Modernidade, a suposição de sinonímia entre Erotismo e Erótica. Ora, preliminarmente, quando presentes na obra de arte, estes procedimentos estéticos apresentam, realizados numa linguagem fálica enquanto efeito de ato poético, uma origem comum: a gênese sublimatória. Entretanto, isto não é o bastante para torná-los idênticos. Pois o Erotismo se qualifica quando, por exemplo, uma obra de arte tematiza, explicitamente, em seu enunciado e/ou apresenta, de forma latente, em sua enunciação, a nítida opção pelo Desejo, lançando o rechaço do Gozo para além do já natural caráter fálico da linguagem. Assenta-se, para tal, numa origem axiomática própria do Gozo Fálico, freudianamente universalizado como sintoma (mais tarde, com Lacan, sinthoma), pouco importando a fantasia que sustente esta opção desejante; pois esta pode ir da adoção da fantasia sádica ao desejo insatisfeito de bovárica nomeação.

Já uma Erótica, conquanto, uma vez obra de arte, também apresente a necessária gênese sublimatória e, inclusive, a realize, a atualize numa linguagem que é sempre fálica, faz uma opção pelo não rechaço e sim, para além do Desejo, pela representação do Gozo; ou seja, ali a Sublimação Erótica, própria da freudiana "pulsão de pesquisa", coloca, com valor transferencial, no nível do Pensamento, do Saber – em suma: do Gozo do Outro –, algo análogo ao *Convivium* platônico. Trata-se, por exemplo, da relação de aturdimento entre o arrebatamento Erótico e a representação escópica do Gozo, só para ficar em Duras com Lacan. Logo, o Erotismo estará para a representação artística do Desejo fantasmático assim como uma Erótica estaria para a representação escópica e/ou eidética do Gozo.

Então, pergunta-se: a que se deve "este" mal-entendido?

Somos tentados a apontar duas hipóteses: uma primeira explícita e uma segunda ínclita. A primeira nos conduz a George Bataille, quando, com acerto, pretende "desligar" de vez o Erotismo da pornografia, sua leitura diluída em conformidade com a kantiana moral religiosa "de plantão"; para tal, deu-lhe o estatuto de Santidade Erótica e, assim, terminou por criar as condições mentais necessárias para a vigência desta suposta indistinção, logrando, momentaneamente, parcialmente, êxito nesse juízo de atribuição. Já a segunda hipótese estará ínclita na mentalidade Ocidental e, sobretudo, no discurso psicanalítico, principalmente quando este, seja em Lacan, seja em Allouch, insiste em esquecer a Erótica Épica presente na *Odisséia* de Homero e, tardiamente, em *Os lusíadas* de Camões. O Discurso Psicanalítico não se dá conta de que com isto estará abrindo mão, para fundar-se como Erótica possível, não só da distinção entre Eros e Ágape, mas também, e principalmente, da fusão entre Gnosis e Eros. Se a primeira é essencial para que a profecia como manifestação do Inconsciente Real, no "século do talento", não abrace a psicose, a segunda é fundamental tanto para a produção da Sublimação quanto para o reconhecimento, no quinhentismo, de a utopia ser também uma manifestação do Inconsciente. Insistindo, lembraremos que mesmo psicanalistas na e da atualidade, ainda que ligados ao lacaniano Campo do Gozo, como, por exemplo, um Jean Allouch, quando tentam fundar uma Erótica do Luto, para ele assentada na irreversibilidade gozosa da "seca" morte infantil e filial, terminam por divisar para a sua Erótica, vista então como uma estética do Luto, o sempre sombrio e "cinzento" espaço da Melancolia. E, assim sendo, embora já possam distinguir uma Erótica do Erotismo, fazem-no em nome da opção pela representação da Morte, isto é, pelo Gozo do Outro no lugar do Real do Gozo. Do mesmo modo que Homero, não a fundam no Desejo, mas, ao contrário de Homero, não a fundam no Amor, dito ali Gozo do Outro (paradoxalmente por não ser o seu signo), que, por isto, para Lacan, "não é signo do Amor", sendo para tal aposto no lugar do Gozo Real (Falo), isto é, trata-se de uma Erótica que dá ao Amor o lugar de representante da dignificação do Falo. Por isto Homero indistinguia, assim como os gregos de seu tempo, Gnosis de Eros, bem como não distinguia Ágape de Eros, e desse modo fundava sua Erótica, de natureza Épica, na representação sublimatória (por isso não fálica nem desejante) da dignificação do Falo, ou seja, do Gozo Real. E sabe-se que o Falo "fala" através da escopia do olhar e foi assim que Lacan, verbalmente, o surpreendeu no arrebatamento em *Marguerite Duras*. Do mesmo modo que o fez em relação ao quadro *As meninas* de Velásquez. Então, em Duras, seríamos remetidos à exaltação e ao aturdimento inerentes ao arrebatamento de Lol V. Stein; e em Velásquez há a reversão não da perspectiva clássica pela anamorfose gótica e sim pelo seu contrário. Logo, na esteira do Erotismo encontraremos Sade onde, malgrado a sua *A filosofia de alcova*[1], se circunscrevia a frivolidade à obrigação fálica nos "Setecentos", bem como na "dezenovesca" mentalidade "bovárica", que era formulada por via histérica, iremos encontrar a "decepção fálica" a contrapor a Melancolia ao Erotismo.

Já na Modernidade, a qualificação estética representou o Erotismo, principalmente, através de duas obras e autores especiais: o *Trópico de Câncer*, de Henry Miller e *O quarteto de Alexandria*, de D. H. Lawrence. Mas não poderíamos deixar de enfatizar, com a simpatia de Lacan, *O Delphus*, de Anaïs Nin. E, como uma questão pendente, ainda na modernidade do século anterior, mas já no plano cênico, ficaria a obra de Jean Genet intitulada *Notre dame des fleurs*, ao contrário de *Querelle*, onde está óbvia a apologia homoerótica. Para alguns, parece existir ali, literalmente, a conjugação da Santidade Erótica prevista por Bataille, já que, aparentemente, se incorporava o "homossexualismo imaginário" e a "prostituição" ao campo desta dita Santidade; enquanto para outros, possivelmente mais argutos, ali se revelava o fato de que a degradação moral e sexual explicitada por sua "opção maníaca" nos indicava a possibilidade de ser representado, então,

---

[1] Contudo, se apostarmos, como o fazem alguns críticos, no *Kant com Sade* como um inicial "divisor de águas" da e na obra de Lacan, devemos observar que o citado texto também nos indicará, no nível da Demanda pela universalidade da fantasia perversa, diferentemente da sua fantasia fetichista (dirigida ao leitor), uma opção pelo Erotismo quando da universalidade desejante da fantasia sádica $(d \rightarrow a \lozenge \$)$, que o incluiria, enquanto sujeito vivente, e não apenas como autor; ou seja, pela dita fantasia de Sade $(D \rightarrow a \lozenge \$)$, porque ali se indica, inclusive, a fundação de uma Erótica quando Eros (o Deus do Desejo Fálico) é subdito à condição de Saber, de Gnosis, de Filosofia.

talvez, um rechaço ao Desejo e um confronto entre Desejo e Gozo, no nível de uma "tiquê" (encontro faltoso), onde se alternariam, com sucesso, tanto as referências à impossibilidade de dignificação do Falo (Gozo Real), quanto a impossibilidade de a imortalidade rechaçar a Morte (Real do Gozo). E, possivelmente, por esta via, qual se dera em Joyce, pela via da nomeação, produzir-se-ia num "Symptôme" um "sinthome". E uma vez confirmado, tal evento, com sucesso, sem dúvida estaríamos, nesta obra de Genet, diante de uma Erótica do Gozo.

Para finalizar, restaria ainda ser dito que, de um ponto de vista estético, quer se dê a produção do Erotismo, quer se conjugue a contraforma melancólica de uma Erótica do Luto; ou ainda, quer ocorra a produção de uma Erótica do Gozo (como em Homero, como em Camões, como em Joyce, como em Duras, por exemplo), não só haverá sempre uma gênese sublimatória, como a produção, por vezes imaginária, do reconhecimento de seu valor artístico pela mentalidade da época.

Cabe ainda reconhecer que se Freud procurou sua erótica pelos caminhos do luto, fosse esse expressão de dramaticidade trágica e/ou do também romantismo melancólico, Lacan, embora se refira às duas opções freudianas ao tratar, respectivamente, da heterossexualidade edípica enquanto identificação viril ou dos efeitos de melancolização bováricos, parece apostar, posteriormente, ainda nos limites do drama, na vertente erótica da comédia lastreada na "volta ao lar" que substituiu o épico *Ulisses* de Homero por Aristófanes em direção a Genet. E dizemos "erótica", uma vez que ele as coloca no mesmo campo semântico da Antropologia do Desejo hegeliano, de kojeveana inspiração.

Todavia, não podemos negar que, embora jamais se inclua na lição épica, provavelmente, por sua opção platônica, ainda que a Maiêutica e a Épica possuíssem uma lógica argumentativa comum, Lacan nos brindou, em sua leitura de Joyce, com a singular possibilidade de se fundar nela uma Erótica do Gozo, no que de Sinthoma coloca em jogo a medieval e sublimatória recomposição da paternidade.

Em suma: se o Inconsciente, um discurso para Freud sem autoria, é o avesso da Psicanálise e se aproxima, para Lacan, do Discurso de autoria da própria palavra (o do Mestre, tanto na acepção de Alain Didier-Weil, quanto na de Jean-Pierre Lefebvre), isto porque compatibiliza a acefalia da pulsão com a do saber sublimatório (que aquela guarda na produção), a Psicanálise em princípio, como já se pensou, talvez não seja ou contenha, a rigor, uma erótica, assim como ela não é nem o Ics, nem o Discurso do Mestre, mas cabe-lhe, privilegiadamente – já que a própria Estética parece ter-se esquecido, desde o século V, da lição épica (que ela também, até hoje, não incorporou) –, reconhecê-la na obra de arte e foi isso que a obra de Jacques Lacan nos parece ter, implicitamente, indicado em suas considerações, colocando-a para além da opção erótica presente na moral sado-kantiana, a despeito de *A filosofia de alcova*, malgrado a opção pela fantasia de Sade parecer ter custado a este a própria vida, e, explicitamente, no Sinthoma, como produção sublimatória em Joyce, de uma "obra em progresso", e o seu caminho "Finnegans", ilegível, pois lá se nomeia o gozo como impossibilidade, pois a Castração tornava-se o reconhecimento de não haver saber possível sobre o gozo.

II – Os limites de uma erótica contida – Literatura e/ou Psicanálise (?)

(*fontes admitidas e fontes não assimiladas pelo Lacan dos Classicismos*)

1 – Pensamento, mentalidade, Paideia (Jaeger) Ática

1.1 – Dois modelos de transmissão: 1º) Suposição de saber: desconstituição do agalma (sedução) + ignorância platônica (não-saber) + "*convivium*" dos seletos + pederastia Ática ⇔ ao modelo filosófico (Dialogal) / (*A república* e *O banquete*) que é maiêutico, ou seja: socrático-platônico. Consequências: via Lacan ⇔ à transferência psicanalítica, que tem origem clínica no Amor de Transferência (Freud), de fato um Amor à verdade (*Übertragung*, 1912), enquanto *suposição de saber* (cf. "Sobre a transferência"). Lacan a infere, ali, da relação entre Sócrates/Agaton/Alcebíades, por oposição aos poetas (modelo anterior, condenado(s) em *A república*). Platão / crítico da épica (Homero) advogava a expulsão dos poetas da *polis* idealizada; 2º)

Emanado dos poetas como intérpretes do Oráculo Délfico. Extensivo aos *Aedos* (poetas populares da oralidade mítica). Malgrado, na épica, estes terem que se abster do "canto das sereias" (do binômio: sedução X êxtase). Ali se encontra um modelo singular de transmissão onde, com origem épica (epopeia), temos Gnosis *em* Eros, ou melhor, Gnosis *é* Eros. Transmissão de autoria poética (com gênese sublimatória) compatível com o gozo (*L'une-bèvue*). Até agora, infelizmente, ignorado pelo saber psicanalítico, que tentou fundar "sua" erótica não a partir dali, mas via Comédia/Drama/Aristófanes (e com isso o Discurso do Mestre). A sua via nos conduziu, inclusive, também, por inversão do Desejo hegeliano do Saber da Histérica, ao "Mestre Castrado" (por ilação do "jovem Hegel", de Jena, cf. *O avesso da psicanálise* de Lacan). Já em Freud, uma Erótica possível nos remetia, paradoxalmente, ao Drama (Tragédia) Ático de Sófocles (Édipo Rei) que era ali acrescido da temática egípcio-judaica do Monoteísmo. Esse tema, bem como a Castração, foram apostos no lugar original e escópico do "enceguecimento". O mesmo se deu no pensamento de Lacan, que a isso adicionou, via "jovem Hegel" de Kojève, o tema do "Mestre Castrado". Lacan também apresentaria um outro modelo oriundo de Sófocles, Trágico, ainda Dramático: a sua Antígona, para ele a própria Ética da Psicanálise ("não ceder sobre o próprio Desejo").

1.2 – Logo, a Psicanálise omite essa segunda forma de transmissão Ática, justamente a que funda, na Épica, uma Erótica explícita, preferindo, para tanto, tentar a correção da declinação epistemológica do Drama, um caminho "adaptável", encontrado, inclusive, em Shakespeare. Então, nela (Épica), como no pensamento helênico, o Discurso do Amor era a resultante da fusão de Ágape com Eros, ao contrário da mentalidade clássica (quinhentista), mesmo épica, que os dissociava.

III – Ainda os Limites de uma Erótica Contida

(*Fontes admitidas e fontes não assimiladas pelo Lacan dos Classicismos*)

1 – Introdução: uma erótica (in)completa (?)

Preliminarmente, iremos, para efeitos argumentativos, considerar, qual a boa tradição filológica, a literatura, por ser a realizadora *princeps* do que Jacques Lacan denominou de "Lituraterre", como sendo perpassada pelos principais gêneros artísticos que forem postulados pela aristotélica tradição clássica. Desse modo, iremos encontrar tanto o épico na sua poesia (e isso se denominou de epopeia) quanto o dramático, enquanto texto, a impregná-la com a presença do trágico e do cômico. Sabe-se, também, que a psicanálise freudiana, em sua motivação edípica, nos remete à versão trágica do drama ao fundar-se num dos polos da trilogia tebana: *O Édipo rei*. É, inclusive, do conhecimento de todos que a Psicanálise lacaniana retoma e aprofunda essa simbólica dívida edípica ao incorporar o Édipo em Freud e não apenas em Sófocles, hiperdeterminando-o ao mosaico monoteísmo. Ela também vai distinguir esta matriz de outras manifestações dramáticas tais como: a Tragédia do Desejo hamletiana (malgrado a suposição de Jones) e a Tragédia Cristã de Paul Claudel. E não apenas isto, ela também irá incorporar outra fonte da trilogia tebana, por provável inspiração de Anouilh, e tomar Antígona como ícone da singularidade da própria ética da Psicanálise. Além do que, conforme o seu *Momento de concluir*, Lacan se ressentirá de a Psicanálise não ter tido, no nível do Drama Ático, uma fonte cômica, dizendo que, se o fizesse, ela se anteciparia a uma erótica possível a partir da *Antropologia do Desejo* que foi por Kojève atribuída ao "jovem Hegel", de Jena, e parte, então, na introdução que fez a *O balcão* de Saint-Genet (para aqui incorporarmos a nomeação proveniente do que Sollers chamou de sartriana "rejeição fascinada"), para estabelecer um vínculo entre a denúncia de perversão maníaca própria do governar e a questão ática, cômica, por excelência, via Aristófanes, da "volta ao lar". Contudo, não foram, e talvez tivessem que ter sido, utilizadas na fundação da Psicanálise como uma erótica, tanto por Freud quanto por Lacan, as fontes áticas que foram relativas à tradição épica, ou seja, o "elogio" da guerra e a "recompensa" do guerreiro: de um herói enquanto porta-voz da etnia.

2 – A tradição do classicismo quinhentista e a questão do fundamento épico e não apenas dramático (trágico) do e no pensamento Clássico-Ático

Sabe-se, sem dúvida, que, malgrado sua biografia, sobretudo, ficcional, Homero deu forma poética e escrita à tradição dos Aedos[2]. Assim, advinda da oralidade mítica, a poesia épica nasceu impregnada pela semântica comum à imaginação utópica (só que de Delfos e não ainda da República platônica) e tomou a forma de suas epopeias. Estas, por sua vez, trouxeram-nos à cena, como afirmação da etnia, a ida à e o elogio da guerra. Tratava-se, inicialmente, de *A ilíada* e, desde ali, Gnosis torna-se, incorpora-se *em* Eros, só que o conjugado como penúria, já que a paixão motivadora da guerra circunscreveu *Eros ao Desejo* e o seu conhecimento à perversão. Todavia, em sua volta da guerra, o herói, nomeado grego, Odisseu – Ulisses, por ser porta-voz da etnia, já convertia sua viagem no re-conhecimento (Gnosis) do e pelo discurso amoroso, ali tomado como Ágape. E Eros em Amor era a abundância, só que à custa de proposição sublimatória, não desejante.

E, por falarmos em imaginação utópica, teremos que contrapor Platão (leitor moral da épica) a Homero (seu realizador). Se Platão expulsava os poetas da República por entender que estes levariam os leitores a se identificar, no âmbito do "maravilhoso", com a amoralidade dos Deuses do Olimpo, Homero, para que a viagem não cedesse lugar ao infortúnio, ao fracasso, amarrava os navegantes no mastro para que não se deixassem matar pela sedução das sereias (do Desejo). Mais do que (como foi suposto pela teoria literária dita estruturalista, malgrado a advertência de Erich Auerbach) a repressão ao Desejo, ali tínhamos um pacto amoroso, leia-se sublimatório, entre Gnosis e Eros. Assim sendo, se a "ida à e o elogio da guerra" configuraram, via Homero, o conhecimento mítico de superioridade étnica (cf. *A ilíada*), a "volta da guerra" e "a recompensa da viagem", na forma do Ágape enquanto reconhecimento amoroso de Penélope, nos

[2] Embora seja relevante que "se pensarmos historicamente o que nós hoje consideramos como o início da poesia ocidental, a poesia homérica, por exemplo, representava até o Século V uma enciclopédia (não-iluminista) de *saber* que funcionava como uma Paideia do homem grego, sem ter ainda uma função literária" (L. Costa Lima et alii, 2005, p. 7).

levavam a um impasse explícito: se Gnosis se transmite em Eros, torna-se Eros, e conjuga-se este em sublimatório amor, como fundar-se esta etnia "superior" (cf. *A odisseia*)? Mas o passo adiante na mentalidade ática não nos traria a resolução deste impasse, pois, na comédia de Aristófanes, o texto dramático figurava os efeitos da "volta ao lar", e, com o repúdio à guerra, tinha-se, logo, todo o tempo necessário para se dedicar à *Polis*, ainda que este retorno fosse promovido por via erótica. Tampouco o predomínio da *Polis* a nos ofertar, via Péricles, ao mesmo tempo, a Democracia (étnica) e a censura iria contribuir para a resolução pretendida. Então, o Trágico assenhora-se do Drama e condena, via "enceguecimento", o parricídio, o homicídio e, sobretudo, a tirania; com isto se destacam os textos da trilogia tebana de Sófocles. Porém já subjazia, sem dúvida, a necessidade de se reformar o mundo pela imaginação utópica, onde fundia-se o ideal étnico de natureza épica e a transmissão lírico-erótica do saber poético. Tal confluência será, pois, retomada, no século XVI, por Morus e Camões, o primeiro supondo a reparação do governar, e o segundo imaginando a utopia do desejo como uma forma singular do experimentalismo desejante, histórico e poético.

Por isto sua singularidade utópica será assim descrita por Leodegário A. de Azevedo Filho:

> claramente estamos diante do mito de um povo duplamente eleito: eleito pelo Deus dos Cristãos [traço gótico-tardio] e eleito miticamente pela deusa Vênus, para que da "conjunctio" entre nautas e ninfas fosse gerada a "progênie forte e bela", capaz de reformar o mundo. Sendo assim, dentro da própria cultura do século XVI, que reviveu o modelo Greco-latino, o que se nos depara é uma utopia *afirmativa* – porque afirma a existência de um outro lugar, nivelado pelo *amor* – e *desejante* – porque regida pelo gozo fálico[3].

E, como já também antecipáramos em trabalho anterior, essa utopia desejante, que fundia Gnosis e Eros, hiperdeterminava a progenia mítica à ática "recompensa do guerreiro", isto no Camões do século XVI.

---

[3] L. Amarante de Azevedo Filho, 1995, p. 23.

A introdução do prêmio e/ou a sua apresentação se dá pelo "maravilhoso", e, no caso de "Os lusíadas", trata-se, ali, de um "maravilhoso helenista", já que a apresentação da ilha paradisíaca, como previu, é feita por Vênus [...] visto que, como efeito desta premiação paradisíaca, nasce a mítica progenia portuguesa – fruto da união entre os barões (nautas) e as ninfas – contudo, o núcleo semântico deste Canto (e episódio) nos remete ao caráter lírico e, enfim, utópico do encontro amoroso e de seu saber [Gnosis *em* Eros] [...] A qualificação desta utopia desejante leva-nos ao lírico-amoroso, que tem uma semântica experimentalista, pois ali é dito (em nome de Vênus): "milhor é experimentá-lo que julgá-lo, mas julgue-o quem não pode experimentá-lo (Canto IX)[4].

IV – A contribuição do Século XVI a uma erótica possível em suas relações com a Psicanálise

Seria interessante, também, observarmos a relação do que até aqui foi exposto com a questão transmissiva que a Psicanálise herda da tradição Ática.

Encontraremos (a partir da tradição Ática) dois modelos pedagógicos de transmissão. Antes é preciso que se diga que a pedagogia, transmitida como um saber compatível com a pederastia Ática, era um discurso próprio do Convívio dos Seletos. Será interessante, também, observar que, ao tentar criar uma aristocracia do saber, os jesuítas, no tridentino Século XVI, retomaram a questão dos Seletos, virando, de uma certa forma, as costas para a aristocracia propriamente dita e para seus subprodutos nos trópicos, como bem assinalou Nicolas E. Tapia em sua fala na 3ª Ciranda de Psicanálise e Arte no Museu Nacional do Rio de Janeiro. Aliás, essas reflexões só se tornaram possíveis graças à indicação bibliográfica feita por ele e por Luisa Folch[5] (do livro de Stephen Reckert). O primeiro destes

---

4 A. S. Mendonça, 2000b, p. 17.

5 Trata-se da necessária consulta ao trabalho sobre o espírito épico de autoria de Stephen Reckert, 2001, que é, de fato, uma tradução ampliada de "Beyond Chrysanthemuns", originalmente publicado em língua inglesa em 1993 pela Oxford University Press (cf. S. Reckert, 2005, pp. 225-237).

modelos tem a ver com a tradição filosófica, no etimológico sentido ático, onde se dava pelo saber, convertido em não saber (ignorância platônica), a denúncia do agalma sedutório, tal como ocorreu na relação entre Sócrates e Agaton. Logo, foi através do Convívio (Diálogo), um modelo platônico de transferência (cf. *O banquete*) retomado por Lacan (cf. Seminário sobre a Transferência), que tivemos a transmissão da suposição de saber, que é, como se disse, índice principal do conceito lacaniano de transferência. Mas esse amor de saber, amor, dito por Freud, pela verdade, não foi a única experiência transmissiva que nos foi legada pela citada tradição ática. Ali tivemos também, sob a autoria de Homero, a transmissão, através do gênero lírico e do gênero épico, na forma literária de poesia (epopeia), da transformação e fusão da Gnosis (saber) em Eros (desejo e/ou amor). E, por ser da ordem de um gozo relativo à autoria, esta transmissão de mestria era extensiva, isto é, disseminava-se socialmente e tinha, sem dúvida, lugar nas menções líricas presentes no texto épico de Homero. Portanto, a origem da transmissão intensiva (clínica), que gera a transferência em Psicanálise, remete-nos, em Lacan, à filosofia socrático-platônica; mas o modelo de transmissão autoral e extensiva, que é compatível com a mestria, não nos remete, como deveria, em Lacan, ao texto épico de Homero, e sim à *Antropologia do Desejo* hegeliana e a sua questão do Mestre Castrado, que era, para Lacan, compatível não com a épica e sim com a comédia de Aristófanes.

Por sua vez, no classicismo quinhentista, iremos assistir, para além da sobejamente admitida presença da tradição latina (cf. *A eneida* de Virgílio), a presença da tradição épica, grega presença do que é substancial no texto de Homero. Isto se observa, para além das referências, no âmbito do "maravilhoso", já apontadas por Olmar Guterres da Silveira quanto ao Canto V no capítulo por ele comentado de *Os lusíadas* na edição da Bibliex, porque Luís Vaz de Camões dará, no episódio "A ilha dos amores" de seu poema épico *Os lusíadas*, uma versão singular da hiperdeterminação, por conversão, de Gnosis em Eros, que é uma "afinidade eletiva" (no sentido benjaminiano), sem dúvida essencial ao texto de Homero.

No seu Canto IX de *Os lusíadas*, Camões apresenta-nos a reincorporação do tema clássico, originado de Homero, do "repouso" e/ou "da recompensa do guerreiro". Tal procedimento estético ainda trazia no século XVI, como já trouxera no período ático, com valor de desfecho da narração, a constituição da transmissão do saber (Gnosis) em Eros. Só que Camões oferece da imaginação utópica uma versão para além da ilusão política do governar, presente em Morus, na sua *Utopia*. Trata-se, nele, da produção, por via lírica, ainda que no texto épico, de uma utopia desejante. Contribuição singular de Camões. Por esta razão, a conversão que se faz de Gnosis em Eros, em seu texto, distinguiu-se um pouco da homérica, embora realizasse o pretendido por aquela: a afirmação utópica da etnia. Como já vimos aqui neste mesmo texto, a *Ilíada* transmite Gnosis em Eros (por) penúria e tem-se como efeito a injustiça, o ardil e a desagregação da guerra. Já na *Odisseia*, Gnosis é transmitida em Ágape e/ou sob o signo de Eros em abundância (não desejante), mas relativa ao reconhecimento sublimatório do Herói pela via sublimatória da "cousa" (amada). Porém, em Camões, a conjugação do amor, na "Insula de Vênus", transmite Gnosis em Eros enquanto signo de uma abundância desejante porque realizadora do ideal mítico de progenia étnica e superior, viril e bela. Como se disse no poema, não se tratava de julgá-la e sim de experimentá-la, provocando, com isto, uma fusão entre os experimentalismos poético, histórico e erótico. É interessante notar que, no seu soneto lírico "O dia em que eu nasci Moura e Pereça" de seu "corpus possibile", Camões antecipou, para o pensamento psicanalítico, uma concepção de melancolia, possivelmente via Petrarca, que antes só fora experimentada na tradição trágica do dramático em Sófocles[6], e agora, já em seu texto épico, nos apresenta, ainda que por uma via utópica e mítica, uma concepção de erótica que leva, sem dúvida, adiante, singularmente, a clássica proposição de Homero: Gnosis *em* Eros, Gnosis *é* Eros.

Por esta razão, Stephen Reckert nos ensinará que:

> Os vários "çeos" que os portugueses tiveram o privilégio de ver não foram os mesmos céus que Dante atravessou na sua veloz ascensão para as novas esferas celestes da cosmologia ptolomaica. Vasco da Gama, enquanto representante de um povo, até então historicamente confinado na Terra, tem-se que contentar com a visão disso em forma modelar: o Globo

6 Cf. A. S. Mendonça, 2005.

de Cristal que Tethys – ela própria, por sua vez, mera representante de Vênus – revela (-o) do cume (alto) da montanha... É (a revelação) do conhecimento (Saber) que, transmitida de acordo com a lição ensinada pelo Globo de Cristal ("máquina do mundo"), é, também, a do Amor, [só que] transmitido por outra lição que era (fruto) da união dos heróis com as ninfas [...] Contudo, Amor e Conhecimento (Saber) – Eros e Gnosis – são, em última análise, (ou melhor, em derradeira síntese) uma só (e única) coisa [...] (e) se os gregos – com a paixão pela análise que tanto foi sua glória como, a longo prazo, sua perdição – dividiam o Amor, escrupulosamente, em Eros e Ágape; o Ocidente (pós-clássico), em vez de seguir o seu exemplo, optou pela síntese. Homero, por exemplo, estava perfeitamente consciente de que Eros era Gnosis e Gnosis era Eros [...] A mesma convicção estará evidente, também presente, na forma (esquema) de paralelos hierárquicos que Camões introduz a propósito da organização de seus últimos cantos[7].

Não se pode, contudo, dizer que tal procedimento é explícito e unicamente classicista, embora ele, sem dúvida, o seja. Pois, se o tema, conforme ele o apresenta, não é sublimatório, a imaginação utópica, ainda que nomeadamente desejante, não deixará de sê-lo. E os varões são não só produto do triunfo experimentalista, mas também da própria história (estória) da narração, onde se tornaram aptos ao heroísmo clássico pelo seu passado medieval de caráter gótico.

V – Ainda a Erótica Contida

Como se vê, levando-se em consideração a tríplice contribuição Ática e quinhentista para a fundação de uma erótica na mentalidade dita ocidental, teremos que considerar:

a) o legado dramático (de caráter trágico) que remonta a Sófocles;

---

[7] Cf. S. Reckert, 2001, pp. 225, 226 e 227, versão em português (do espanhol) feita por Antônio Sérgio Mendonça.

b) o legado (também dramático), mas de caráter cômico, que nos envia a Aristófanes;
c) mas, sobretudo, por ancestralidade, teremos que levar em conta o modelo de Homero, que é épico e que, ao invés de obter a suposição de Gnosis (Saber) pela desconstituição do Agalma como na tradição filosófico-socrática ainda presente no diálogo platônico, converte, por via amorosa e/ou desejante, Gnosis *em* Eros, fundindo-os.

Portanto, sem sombra de dúvida, esta última matriz jamais foi incorporada, quer por Freud, quer por Lacan, em suas obras, embora a Psicanálise como uma Estética do Luto a propusesse inclitamente enquanto forma de expressão ético-erótica do Desejo Humano, mas em Freud a aposta em Eros (demanda) o sobrepõe aos limites da hiância, ao reino necessário de Ananké[8].

VI – A Psicanálise enquanto uma erótica (ético-estética) do luto e/ou: Psicanálise e Drama

1ª Parte: o Drama Ático[9] como Fundamento do Saber Analítico (ICS)

[8] Nota final: embora, no campo matêmico (conceitual) que leva o seu nome, Lacan vá, indubitavelmente, propor a inclusão dessa Estética do Luto numa Erótica do Gozo.

[9] Aqui é considerada a classificação aristotélica exposta em *Arte retórica e arte poética* que dividia a(s) Arte(s) em gêneros. Esses eram 3 (três): o Lírico, o Épico e o Dramático. Este, por sua vez, subdividia-se em Tragédia e Comédia. No Drama Trágico sobressai-se a Trilogia Tebana de Sófocles composta de: *Édipo rei*, *Édipo em Colona* e *Antígona*. Já no Drama o caráter cômico destacava-se na obra de Aristófanes. Aristóteles, em suas reflexões estéticas, considerava a Tragédia como forma superior de Arte e no âmbito dessa forma destacava-se o *Édipo rei* de Sófocles, isto por melhor realizar o efeito catártico, ou seja, centrava o valor do reconhecimento estético no público (receptor) por este, ao ser motivado pelo coro e por Tirésias (o que, cego, podia ver do Outro o de que este não se dava conta), realizar uma identificação imaginária, de caráter anímico, com a sorte do herói trágico.

1.1 – O *me funai* trágico-ático, a heroicidade trágica e o seu princípio melancólico: a versão tebana

O *me funai* trágico-ático como princípio melancólico instaurador da heroicidade trágica significava, em relação ao Édipo tebano, "o que não gostaria de ter nascido com tal destino" – destino provocado pelos crimes paternos. Então, o herói iria pagar em agruras por estes e, para evitar a maldição, terminaria por desconhecer a paternidade. Esta é suprida pela condição de Rei, provisória e rasurada, e é pré-condição para a sua forma de agir. Então, o *me funai* gera, via "Moira / Cloé", a predestinação e esta a heroicidade trágica. Um herói acima e diverso do homem comum imune à intervenção do "maravilhoso" do Olimpo, desde que esteja realizando a sua "tiquê", a sua fortuna. Nela, ele repete o "encontro faltoso com o Real", cujo efeito é a dicotomia entre Saber e Agir, o que faz supor ter decifrado, apenas por sobreviver, o enigma da Esfinge.

1.2 – A tradição latina (romana), a purgação, o enceguecimento. *Nosce te ipsum*: a versão de Colona

Já a tradição latina (romana), contudo, no lugar do privilégio do *me funai*, tem preferido, pós enceguecimento, destacar, pela incorporação reconfigurada do lugar de Tirésias (lá se passa do que sabe sobre fortuna de outrem (Desejo do Outro) para o que sabe sobre os efeitos de sua própria fortuna [Sinthome]), o *nosce te ipsum* ("conheça a ti mesmo") onde, consertando-se o célebre texto de André Green publicado na *Revue L'Arc* sobre Freud, dir-se-ia que: de início Édipo está cego para o Significante para, ao final, cegar-se enquanto Significante e poder ser por este (enceguecimento) representado para a própria subjetivação.

1.3 – A singularidade do Édipo (tebano) de Sófocles

Logo, o Édipo grego, versão tebana, irá hiperdeterminar a condenação do parricídio (homicídio), às custas da *proibição* do incesto, à predestinação, e com isso constituir a heroicidade trágica. Então: mito do assassínio do pai + predestinação + heroicidade trágica + enceguecimento (purgação) parecem caracterizá-la. Em tempo, será justamente esse efeito de purgação, de culpa não de seu próprio ato, mas de seu efeito em seu povo (a peste) que será destacado, tanto para Aristóteles quanto pela tradição latina, ou seja, a purgação será, no primeiro caso, hiperdeterminada à *catarse* e no segundo caso ao *nosce te ipsum*, colocando-se em segundo plano o *me funai* como origem da predestinação trágica.

1.4 – O Édipo de e em Freud

Já o Édipo em Freud, um conceito e preocupação constante, é uma forma de metaforizar sua questão sintomática "o que é um pai?", pois nasce de sua observação de que este mito orbitava, de direito e de fato, em torno da paternidade e da forma de, paradoxalmente, simbolizar-se o "pai morto" às custas da erradicação normativa de seu assassínio, que é, no texto, efetivamente praticado. Assim, Freud preocupava-se com sua transmissão como um legado de Potência e formulou por isso sua teoria do Complexo de Édipo, que não é nele jamais, como assinalou Foucault, uma estória familiar de desejo incestuoso incontido, e sim uma forma de, na condição de "morto", só nela, o significante Pai poder nomear o filho, ainda que este seja seu assassino. Portanto, em Sigmund Freud, o Édipo tebano de Sófocles vai estar parcialmente reconfigurado. Teremos, pois, em sua concepção: o mito do assassínio do Pai + a predestinação + a proibição do incesto (a condenação do parricídio como forma de homicídio) + a Castração (sua criação singular) + a questão: Paternidade/Monoteísmo. Será, pois, tal modo de apresentação que nos permitirá observar duas conclusões:

a) ali se substitui o "enceguecimento", e com isto a ênfase na *purgação*, pela *castração*[10] (Complexo, para ele, derivado do Complexo de Édipo);

---

[10] Conceito inventado (criado) por Freud, mas jamais plenamente demonstrado por este autor, a não ser como "temor", quando a descreveu, bem como a sua anulação, no célebre texto sobre o fetichismo. Será, ainda, Jacques Lacan quem a conceituará ora (*Relação de objeto*) com a articulação entre falta simbólica e objeto imaginário; ora (*Escritos*) com a "privação do incesto" e, finalmente, em sua obra pertinente ao Campo do Gozo, como "o reconhecimento da impossibilidade de saber (-se) sobre o Gozo".

b) hiperdeterminava-se, também, à questão do "Pai-morto" e seu porta-voz hebreu e se articulava a condenação do parricídio à do homicídio, "não matarás", isto por ser colocado o Édipo grego em campo conceitual (análogo) ao dito Moisés hebreu.

1.5 – O Édipo conforme o Pensamento de Lacan, a ética do desejo em Antígona como a ética própria da Psicanálise e a lição dramática da comédia ática: "A volta ao lar" em Aristófanes

Lacan, por sua vez, também irá reconfigurar, por diferença de Freud e da tradição tebana, o conceito de Édipo. Preliminarmente, irá contrapor-se ao texto de Ernest Jones sobre Hamlet, que via o personagem shakespereano como manifestação do "Complexo de Édipo", enquanto Hamlet, "por saber, não agia"; Édipo, por ser predestinado, é em conformidade com sua Fortuna, com sua tiquê, com seu "encontro faltoso para com a Paternidade". Por isso Lacan afirmava ser ele o que, "por não saber, agia". Além disso, em suas reflexões no Campo do Gozo, sobretudo em seu texto de 1970, intitulado *O avesso da psicanálise*, Lacan irá articular o Édipo também à questão trazida por sua leitura kojeveana do "jovem Hegel": *O Mestre Castrado*. Assim sendo, teremos, para Lacan: mito do assassínio do Pai + predestinação + Castração + monoteísmo + "Mestre Castrado". O mestre de Paris verá também o Édipo, em termos clínicos, como "a Lei do Pai", efetivação da Metáfora Paterna, constituição do "pai morto" enquanto Pai Simbólico, normatividade da potência a ser transmitida, como tal, para o Sintoma do Homem e como contingência de procriação para as mulheres.

Será Lacan quem, ainda, invocando Sófocles e sua trilogia, mas já referido a Antígona, verá ali, no que Jean Anouilh destacou como denúncia da tirania em favor da dignidade humana, a presença da Ética do Desejo enquanto Ética do Gozo, modelo singular da Ética da Psicanálise, o que lhe possibilita definir o herói trágico como "o que não cede (não abre mão) sobre o próprio desejo", isso no Seminário *A ética da psicanálise*.

1.6 – A comédia, a paródia e a perversão no teatro moderno: Genet

Será ainda Jacques Lacan, já no seu pouco conhecido estudo introdutório sobre *O balcão* de Genet (e Sartre, "a rejeição fascinada do lacanismo" como disse Philippe Sollers, o chamou de "Saint-Genet"), feito a convite deste, quem demonstrou que havia naquela "sua" obra um alegórico e parodístico retrato da perversão maníaca. Mas, para tal, Lacan o articulou ainda ao Drama Ático, mais especificamente à Comédia de Aristófanes, vendo em comum, entre este autor e Genet, o tema da "volta ao lar" próprio da adoção na *polis* trágica do dado que era compatível com a Tragédia, (o repúdio à guerra), adotado, também, no enaltecimento do herói épico (lugar-tenente de etnia), o que apenas se consagrava por "temer o canto das sereias" (e na leitura de Erich Auerbach víamos já ali nitidamente o repúdio, o rechaço ao gozo como condição da heroicidade política), – e iria demorar-se, sempre, na "volta ao lar". Aliás, retomando a importância da Comédia de Aristófanes, já na obra lacaniana em fase final, quando própria do Campo do Gozo, em *O momento de concluir*, Lacan pareceu lamentar-se do fato de historicamente a Psicanálise freudiana ter sido fundada sob o signo da Tragédia; ele preferiria vê-la fundada, no "jovem Hegel" e sua *Antropologia do Desejo*, nos braços da Comédia: *fundar-se no Drama é situar-se entre a* melancolia *e seu* luto. *Já se referir unicamente à Tragédia é da ordem apenas da* melancolia, *enquanto referir-se apenas à Comédia é simplesmente da ordem do* luto.

1.7 – Hamlet, a obsessão, o drama maquiavélico e a tragédia do desejo por diferença da tragédia cristã de Paul Claudel

Veremos, em seguida, o advento, no âmbito do drama maquiavélico[11], de outra forma de Tragédia: a Tragédia do Desejo, que tem em Hamlet

[11] Trata-se da presença temática na dramaturgia do Século XVI da hiperdeterminação entre o "livre-arbítrio" e a oposição radical e mortal e entre "as razões do Estado" e as "razões da paixão". Além de shakespeareano, este tema, cf. *Romeu e Julieta* (onde a família substituía, como "sociedade parcial", o Estado), destacou-se, na península ibérica, na Tragédia *A Castro*. Contudo, malgrado a presença do "livre-arbítrio", esta forma dramática, que em Hamlet tornou-se "a Tragédia do desejo", não era uma Tragédia Cristã. Faltavam, para tal, três elementos básicos: a) a reconciliação com a "cousa" e/ou a "causa" perdida; b) a referência ao "Pai humilhado", impossível de se simbolizar; c) e, sobretudo, a reparação da covardia, do fracasso e da culpa pelo arrependimento, o que fazia da misericórdia (divina) um mero suporte para a reconciliação com a própria culpa. Lá subtrocava-se o fracasso histérico da potência paterna (atribuída ao amante)

o seu ícone. Este é, como já se disse, o que, "por saber, não agia" configurando, em sua questão oblativa, para Lacan, a inscrição do fantasma obsessivo, $\$ \lozenge \varphi$, por estar em permanente "desgarramento ôntico", entre a *vendetta* do "Pai-morto", duplamente fracassado (denegrido fálica e politicamente) na transmissão da falicidade, e o desejo incestuoso (como fantasia) que era nele "travestido" de amor pela mãe (qual seu pai "traído"). Aliás, o único traído ali, a juízo de Lacan, seria Hamlet, pois para Lacan traição equivale ao "abrir mão, ceder sobre o próprio desejo". Esta Tragédia, quinhentista e elizabetana, é, a juízo de Walter Benjamin, também exemplo de "alegoria política", pois Hamlet foi, inclusive, por ser príncipe herdeiro, também um "dominador insatisfeito com as condições morais da dominação".

1.8 – O teatro, a perversão e a paródia do moralismo católico-burguês em Nelson Rodrigues

Lacan, voltando-se a Genet, o irá considerar como o autor de um drama contemporâneo a sua época; isso significava dizê-lo um autor moderno no sentido que Lyotard empresta a este termo, ou seja, compatível com a supremacia das narrativas de legitimação[12]. Porém, para não dizer que não falamos das "flores e espinhos" do Simbólico, deveríamos, também, destacar o nosso "anjo pornográfico" Nelson Rodrigues. Isto no dizer de Rui Castro, pois este verdadeiro "Kant com Sade" brasileiro e urbano, em, sem dúvida, pelo menos três de suas peças – *O beijo no asfalto, O boca de ouro e Os sete gatinhos* –, parece não ver distinção alguma entre o moralismo popular das vilas de subúrbio e o "cristianismo burguês" e a udenista classe média alta, inscrevendo ambos no que se denominou de "perversão

---

pelo melancólico, psicótico e passivo culto ao "Pai humilhado". O signo desse tipo de Tragédia é a obra dramática de Paul Claudel sobre a sua irmã, a escultora Camile Claudel.

[12] No dizer de Jean-François Lyotard, em seu texto-referência sobre o "Pós-modernismo", narrativa de legitimação é a que se propõe a interpretação do mundo, a sociedade. Nos Séculos XIX e XX destacaram-se como exemplos da "Kultur Kritik" (crítica da cultura) o marxismo ocidental enquanto índice de legitimação histórico-política, as vanguardas históricas como ícones de legitimação estética e a Psicanálise como marco da legitimação erótica.

nossa de cada dia", que era dissimulada pela hipocrisia do "bom-mocismo", tio-avô do que hoje é dito como "politicamente correto", que Slavoj Zizek caracterizaria como manifestação da "razão cínica".

2ª parte: Genet, a Comédia e a Perversão

2.1 – A opção pela erótica

A Comédia tem origem Ática, pois remete à crise da *polis* em Atenas. Lacan, então, observa que, naquele momento, a cultura Ática substitui o apego à guerra, valor de Esparta extremamente valorizado na ancestralidade épica, por uma "volta ao lar". Este abandono da prisão cidadania/heroicidade (própria da Épica) eleva ao "desrespeito" o agalma de Odisseu (Ulisses) para fazer da guerra um não-sentido, refeito do apego do homem comum aos pequenos prazeres da vida, dentre eles a volta ao lar, e, com isso, banaliza a heroicidade da guerra e, também, passa a ironizá-la por dizê-la absurda. No entanto, não só se afasta do sublime, enquanto emblemático, mas também da sublimação como origem, na trágico-estética aristotélica, de uma estética da suspensão do juízo, posteriormente retomada por Kant. Nela, no lugar do sublime ideal de *polis*, ou da sublime causa do ideal catártico – a comoção –, teremos, via Kant com Sade, a opção entre a sublimação e a erotização. Em Freud, tratar-se-á de apostar em Eros em face do mal-estar civilizatório, mas, tanto em Aristófanes como em Genet, tratar-se-á de uma época de crise, onde este Eros não é Iluminista como o freudiano, que tem em Tânatus seu adversário vinculado à guerra, à agressividade enquanto liame social precoce de perversidade, mas o de Bataille: um Eros que incorporasse Tânatus. O simbólico assim erotizado em direção à paródia produz a crítica da perversão. Uma paródia que testemunha, pelo riso, a perversão encenada como espetáculo teatral, figura no sentido hegeliano, pois *O balcão* a universaliza, e nós, leitores, por identificação, a singularizamos.

2.2 – A encenação da perversão na metáfora de bordel

Aristófanes vai evocar, muito antes de Freud, mas a partir do mesmo princípio de crise encontrado em Antígona, ou seja, em face da guerra, só que uma impondo o direito à morte e ao desejo e o outro lembrando (pois o mal-estar de Tânatus decorre não do tempo da justeza da guerra, mas de não haver objeto possível que satisfaça o desejo humano) que governar é impossível. Diante da crise, além da Comédia, explicita o que a perversidade da guerra faz: precisamente, Atenas ceder sobre o seu desejo de ser *polis*, embora fosse esta, paradoxalmente, a alegação da guerra. O vínculo pré-freudiano está dado na palavra aberração. Lacan verá então Genet como o Aristófanes de nossa época e a guerra como um estado de generalização do bordel em que se transformou a questão social contemporânea, onde o homem não deve dever ao estado, mas o que importa são as formas de sobrevivência ou ilusão. Mais do que a guerra, é a decadência que se torna permanente, a mesma que ele já anunciara no misantropo, e, diante dela, a Comédia só produz pessoas dramáticas, significantes: bispos, juízes ou generais; a Comédia de Genet torna-se *O balcão* de onde se assiste, como casa ilusória, à guerra de que se participa *sans-le-savoir*. Ali, como na "charge" contemporânea ("Quero o Meu" – personagem de Veríssimo), trata-se de sobreviver – o ego-ideal, o *Moi*, torna-se um "ideal-do-meu" e, no lugar da sublimação, temos esta guerra permanente como "erotização" do relacionamento simbólico –: a partir daí Genet reivindica a libertinagem redenominando Sade como a verdadeira função subversiva do Sujeito Patológico, na acepção de Serge André. Pois *O balcão* ilusório nos faz assistir, como palco da guerra, o bordel que vivemos desde aquela época, ao que vem corresponder o que hoje é chamado de modo pós-moderno de "banalização da violência". Como todas as personagens são pessoas dramáticas, podem ser perfeitamente assimiladas umas às outras em seus papéis ilusórios.

A sociedade transformada em bordel faz com que todos participem da função ajudante/correspondente da parceria/cúmplice, fazendo com que o plano, então, da sociedade mantivesse vivo o ponto de vista freudiano, de 1928, o plano da perversão, só que esse plano da perversão não remetia mais à guerra e à luta fratricida entre Eros e Tânatus e à aposta Iluminista em Eros, pois teria transformado a sociedade em um bordel não no sentido moral, mas no sentido de ausência de lei, de decadência da função paterna, por Lacan prenunciada desde *Os complexos familiares*.

Se a Comédia denuncia que somos um bordel que "banaliza a violência" pela ausência da Lei, ela diz que somos a degradação da cultura, e o principal papel de pessoa dramática passa a ser o do chefe de polícia: o único ainda a fingir que é possível manter alguma lei. Por isso, destaca-se como principal o texto lacaniano ao dizer que: "[...] Genet nos encarna no plano da perversão aquilo que... podemos chamar, nos dias de grande confusão, de o bordel em que vivemos".

Para Genet é fundamental, na coadjuvância desta sociedade sem lei, qual o anúncio de "Gelol", o princípio fetichista de que não basta representar a prostituição, não basta representar como prostituição a fantasia sádica, é preciso dela participar. A fantasia sádica torna-se, tal como o anúncio, incorporada à função estratégica da mídia que sustenta a degradação da cultura em nome do *show-business*, do entretenimento, do espetáculo, da audiência enfim... "não basta ser pai, é preciso participar", não basta não ter um pai, é preciso participar. Este "prazer" se realimenta de sua própria culpa, porque este prazer não é uma culpa natural, psicótica, nem o remorso neurótico: ele é o prazer que se obtém provocando culpa em outrem – é sádico.

Lacan, ao falar de Genet, amplia a própria ideia de Sujeito do Prazer: não mais se trata apenas de alguém que coloca o prazer no lugar do gozo para que a virtude ali não habite, mas de que até isso, para acontecer, terá de acontecer como simulacro, no que antecipa o "sonho deleuziano [...]".

Então, a perversão se torna aquilo que ela verdadeiramente é: um jogo de prazer com a imagem anexa, não precisando mais do álibi sexual freudiano. É porque a Castração que aqui é suspensa não é a imaginária da mãe, pois Genet propõe uma interpenetração entre fetichismo e perversidade, ao contrário de Gide, que, a juízo de Allouch, propicia a Lacan, qual Jensen, a visão da estruturalidade do fetichismo na sua forma mais singular.

Genet, ao dizer de Lacan, dá estatuto maníaco ao projeto freudiano de dissolução da cultura, pois, diante do bordel em que vivemos, a dissolução toma a forma de degradação da cultura, o que serve de argumento até para os moralistas que defendem o caro princípio do Mal-estar. Logo, a função do chefe de polícia como elemento sobrevivente da fusão entre dissolução e degradação é uma constatação para a Psicanálise e um álibi para a "repressão" do ponto de vista daqueles que querem transformar a ilusão do bordel numa exceção. É o fato de que, quando toda a ordem se desvanece, serve à lei apenas o personagem mediano na hierarquia, porque é o único que pode estabelecer as regras da sobrevivência. Se de um lado a sociedade é reduzida à manutenção da ordem, destaca-se o "chefe de polícia", porque, se o juiz ouve da prostituta que ela é ladra, ela poderá ouvir desse juiz a confissão de que ele é um libertino. Todos pedem para ocupar, portanto, o ápice da ordem, ninguém pede para mantê-la – e neste momento só sobrevive quem a mantém, daí o chefe de polícia funcionar como objeto *a*, semblante do Falo.

O "chefe de polícia" é aquele que para manter a ordem não precisa se identificar. O "chefe de polícia" é aquele que, em princípio, pode evitar a revolução, porque os outros vivem apenas em função de manter a ordem que não pode ser alterada e que, pasmem, não sabem direito quem são, nem como funciona essa ordem, pois são meramente emblemáticos. O "chefe de polícia" é amante da dona de todo e qualquer bordel porque ele é o liame perverso entre aquilo que toda a sociedade tem, uma ordem moral e uma ordem secreta e paralela essenciais para a manutenção do poder. Ele é o elo entre as duas vidas que mantém viva a perversão.

2.3 – A revolução

Então, na leitura de Lacan, Genet também nos chama a atenção para que a revolução pode ser uma festa no sentido de ser um ritual de morte, que pode até provocar diversão, desde que quem a assista ou pratique seja um perverso. Logo, a revolução se faz aparentemente entre o bem moral político e o bem moral da ordem, pois os atos da revolução vão mostrá-los quase como equivalentes, porque vão interseccioná-los.

Assim como a Revolução Francesa, que foi historicamente burguesa, qualquer revolução proletária tende a produzir a fraternidade perversa no lugar pretendido de liberdade enquanto desejo do fantasma romântico. Mas, neste texto, Lacan mais do que isto, afirma-nos que a Comédia, desde Aristófanes, decide pela explicitação derrisível da dissolução como forma de degradação da cultura, que torna idênticas todas as revoluções como efeito da decadência, no nível do liame social, do Ideal-de-Ego, vale dizer, da função paterna transmitida pelo superego, no desejo de mãe enquanto identificação viril. A revolução se faz de símbolos porque ela, em última análise, produz o desaparecimento de todos os seus (próprios) símbolos. O que Lacan quer dizer com isto? Que ela tem símbolos no sentido romântico: o objeto "cisne" se torna símbolo na xícara de chá, como qualquer trapo se torna um símbolo de miséria. Mas o que se perde é o primeiro símbolo como primeira metáfora, porque o que ela perde é o jogo de assujeição à referência paterna. Aí mostra-se que a revolução vem sempre como uma promessa de ressurreição moral e aí vai-se sobredeterminar a prostituta e o virtuoso psicótico, e dessa união da prostituta e do virtuoso psicótico é que vai depender o sucesso não-factual, mas de mentalidade, da revolução.

Genet elegeu um desrespeito aparente à Revolução Francesa, desrespeito pensado, e àquela mulher do povo, de seio de fora, oprimida pelos juízes, elegeu-a no lugar de prostituta para fazer a revolução do bordel. A caricatura de Genet não eleva o grotesco ao sublime, e sim o sublime ao grotesco. Por esta razão concordamos, neste caso, com o que Serge André fala da degradação do Falo, já que ele acredita que a revolução é uma mania: esta nova Joana D'Arc da Revolução Francesa, esta figura santificada como símbolo reminiscente e romântico da Revolução Francesa, para ele não é senão uma prostituta transformada em santa por um virtuoso psicótico. Ela é uma boa líder revolucionária porque tira partido de seu desempenho histórico como prostituta, e o desempenho histórico aí é na realidade uma referência à experiência de bordel. Isto quer dizer que, se ela era a eterna amante daquele que em última análise assegurava o poder, e se a degradação da ordem torna todas as revoluções iguais, por que fazer a revolução em nome da moralidade? Por que não explicitar o necessário caráter maníaco da degradação do Falo nas revoluções e fazer da amante do "chefe de polícia", a quem cabia garantir a ordem, a nova rainha? É uma questão de portar joias no sentido material de portar joias, ou no sentido de portar títulos? Mas, antes da conclusão, Lacan mostra-nos que os personagens dramáticos que significavam a ordem só a faziam funcionar quando esta ordem não era ameaçada, o que faz disso uma farsa sincera, mas a conclusão vai elevar esta farsa sincera, pela sua surpresa, a uma farsa picante. O menos investido é que talvez consiga restabelecer alguma ordem, a salvação vem de onde não se espera mais...

VII – Conclusão

O "chefe de polícia" sabe que a revolução neste sentido é um jogo, é um bordel, é um jogo de funções não-assumidas ou pseudoassumidas de personagens dramáticos que levam à mania, à degradação da cultura, mas o que ele coloca em jogo ali é que, se Freud inventou o Ideal-de-Ego para transmitir identificação viril, Freud também disse que a Psicanálise avança onde a paranoia fracassara, o que não impediu que a cultura inventasse a figura psicótica do ditador. E o "chefe de polícia", se não tem de quem cumprir ordens, pode vir a se tornar um ditador. Na verdade, o ditador é aquele que passa a ser o que "encarna" a psicótica possibilidade de governar e o "supressor" de todos esses paramentos a que o "chefe de polícia" teria de se subordinar: ele passa a encarnar a polícia no poder. Ou seja, ele conspira como se o poder não estivesse sendo ameaçado e, desde o bonapartismo, o Estado, quando ameaçado, abandona os paramentos do poder e troca a política pela polícia. Isto é, tratava-se de castrar (castrar literalmente, no sentido daquilo que o fetichista teme, castrar no sentido do medo do fetichista de ser castrado) o "chefe de polícia" porque o seu Falo estava no seu uniforme. Isto é, fazer com que o Falo fosse novamente promovido ao estado significante, dignificadamente, como algo que pode dar ou retirar, conferir ou não conferir.

O verdadeiro "Pai nosso que estais no céu" não é, para Lacan, fazer disto uma oração blasfematória, é a possibilidade de essa revolução, onde os papéis se interpenetram, substituir a castração (amputação), no sentido anatômico, pela restauração da ordem significante do Pai, de um Pai ao mesmo tempo Real e Simbólico. Este é o impasse de todas as culturas. Traduzindo: isto ou nos coloca diante do Nome-do-Pai Simbólico, da instauração da Função Paterna, ou então retorna ao ciclo do Pai Severo em nome do qual outra revolução se fará e outro "chefe de polícia" será a metáfora da degradação do Falo, isto se um Pai Privador não fizer, antes, liame social com o poder.

Referências bibliográficas

AMARANTE DE AZEVEDO FILHO, L. *Camões, o desconcerto do mundo e a estética da utopia*. Rio de Janeiro: Tempo Brasileiro, 1995.

CAMÕES, L. V. de. *Os lusíadas*. Rio de Janeiro: Edição da Bibliex (1ª), 1960.3.

CASTRO, R. *O anjo pornográfico*. São Paulo, Editora Companhia das Letras, 1992.

COSTA LIMA, L. et alii. *Um debate sobre o discurso literário* (2ª edição). Rio de Janeiro: H. P. Comunicação Editora, 2005.

FREUD, S. (1924). A dissolução do complexo de Édipo. *Obras completas*, v. XIX. Rio de Janeiro: Imago, 1996.

________. (1939). Moisés e o monoteísmo. *Obras completas*, v. XXIII. Rio de Janeiro: Imago, 1996.

LACAN, J. (1956-1957). *O Seminário, Livro 4, A relação de objeto*. Rio de Janeiro: Jorge Zahar, 1986.

________. (1969-1970). *O Seminário, Livro 17, O avesso da psicanálise*. Rio de Janeiro: Jorge Zahar, 1999.

________. Sobre o Balcão de Genet. *Revista A Transmissão*, ano 4, nº 5. Gryphus (Forense), 1996.

________. *Escritos*. Rio de Janeiro: Jorge Zahar, 1998.

LYOTARD, J.-F. *A condição pós-moderna* (7ª edição). Rio de Janeiro: Editora José Olympio, 2002.

MAGALDI, S. *Teatro completo de Nelson Rodrigues*. Quatro volumes. Editora Nova Fronteira, 1981-1989.

________. *Teatro completo de Nelson Rodrigues*, 1º volume. Rio de Janeiro: Editora Nova Aguilar, 1993; reimpressão, 1994.

MENDONÇA, A. S. *O ensino de Lacan*. Rio de Janeiro: Edições do CEL, Gryphus (Forense), 1993.

________. Genet, a comédia e a perversão. In: *Poesis*, nº 1, ano 1, 5-15 (Revista da Pós Graduação: Mestrado e Doutorado em Ciência da Arte/UFF). Niterói: Eduff, 2000a.

________. *Os lusíadas (Camões) e o pensamento (atitude) estético(a) do e no século XVI. Poiésis* (Estudos de Ciência e da Arte), ano 2, nº 2. Niterói: Eduff, 2000b.

________. A frustração, a obsessividade e a cessão sobre o próprio desejo. *Revista A Transmissão, A clínica em Lacan*, ano 9, nº 10, tomo II. Porto Alegre: Edições do CEL, 2001.

________. Da formação do ego à reconfiguração do Édipo freudiano por Lacan. *Revista A Transmissão, Lacan, da magia à psicanálise,* ano 10, nº 11. Porto Alegre: Edições do CEL, 2001-2002.

________. *A morte enquanto luto da vida* (em "O dia em que nasci Moura e Pereça"). In <www.riototal/coojornal> nº444/Opinião Acadêmica. Rio de Janeiro, 01/10/2005.

MENDONÇA, R. F. O engano do gozo fálico e sua conformação trágica na obsessividade. In: *Revista A Transmissão,* ano 3, nº 4. Porto Alegre: Edições do CEL, 1995.

RECKERT, S. *Más allá de las neblinas de noviembre*. Madrid: Gredos, 2001.

RODRIGUES, N. *Teatro completo de Nelson Rodrigues I* (Os sete gatinhos, 1958. Boca de ouro, 1959, Beijo no asfalto, 1960). Rio de Janeiro: Nova Fronteira, 1981.

SHAKESPEARE, W. *Obras completas*, 2 v., 16ª ed. (Romeu & Julieta, Hamlet). Madrid: Editora Aguilar, 1974.

SÓFOCLES. *A trilogia tebana.* (Tradução e apresentação Mário da Gama Kury). Rio de Janeiro: Jorge Zahar, 2001.